성경 논술

초급편

글쓰기 실력과 믿음이 동시에 쑥쑥!

성경 논술

초급편

영성교육 지음

좋은땅

환영합니다!

'성경 논술'을 시작하게 된 여러분을 환영합니다.

'성경 논술'은 일기, 편지, 시, 주장하는 글, 알리는 글 등 여러 종류의 글을 쓰는 요령을 알려 줍니다. 그리고 여러분이 직접 글을 쓰도록 하여 글 쓰는 능력을 키워 줍니다.

'성경 논술'은 맞춤법, 관용어, 표준어, 높임 표현 등 기본 국어 지식을 알려 주고 응용하도록 도와줍니다.

'성경 논술'의 예시문과 글쓰기 주제는 주로 성경 지식과 신앙에 관련된 내용이기 때문에 여러분의 믿음이 성장하는 데 도움을 줍니다.

여러분이 쓴 글이 어떠한지, 개선할 점이 있는지 알고 싶다면 쓴 글을 사진을 찍어 이메일(ysedu1009@naver.com)로 보내 주세요. 답변해 드리겠습니다.

이제 글쓰기를 할 준비가 되셨나요? 글쓰기가 어렵다고 생각하지 말고 여러분의 생각을 자유롭게 그리고 정성을 들여 써 보세요. 여러분의 글쓰기 실력과 믿음이 쑥쑥 자라날 것입니다.

- 영성교육 -

목차

01 마음으로 읽기

어떻게 하면 이야기를 실감 나게 읽을까요?

1. 등장인물의 마음을 생각해 보세요.
2. 등장인물의 마음에 맞는 표정과 목소리로 읽어 보세요.

이야기를 실감 나게 읽으면 어떤 점이 좋은가요?

1. 이야기를 잘 이해할 수 있어요.
2. 다른 사람에게 이야기를 자세히 전할 수 있어요.
3. 이야기에 대한 느낌을 다른 사람과 나눌 수 있어요.

아래 요나 이야기를 실감 나게 읽어 보세요.

요나는 주변 사람들에게 하나님의 가르침을 전하는 사람이었어요. 어느 날 요나에게 하나님의 음성이 들려왔어요.

"요나야! 너는 니느웨 성으로 가거라."

"하나님, 제가 무슨 일로 그곳에 가야 합니까?"

"그 성에는 죄악이 가득하다. 그래서 내가 그 성을 멸망시킬 것이다. 너는 가서 이 사실을 성 사람들에게 알려 주어라."

요나는 알겠다고 대답했으나 가고 싶지 않았어요. 니느웨 사람들은 이스라엘 사람들을 괴롭히고 죽였던 사람들이었거든요. 그래서 요나는 다른 곳으로 배를 타고 도망갔어요. 하나님은 바다 한가운데 폭풍을 일으키셨어요. 배 안에 있는 사람들은 누구나 자신이 섬기는 신에게 기도하기 시작했어요. 하지만 요나는 자고 있었어요.

"선장님, 모두 기도를 올리고 있는데 저 사람은 잠을 자고 있습니다."

선장은 요나에게 고함을 쳤어요.

"살려 달라고 모두 기도를 하는데 혼자서만 자고 있소? 당신은 어디서 왔소?"

요나는 차마 하나님께 기도를 올릴 수 없었어요.

1. 이야기를 실감 나게 읽으려면 먼저 무엇을 생각해야 하나요?

   ----

2. 다른 사람에게 이야기를 자세히 전하려면 어떻게 해야 하나요?

   ----

1. 요나에게 니느웨 성으로 가라고 말씀하실 때 하나님은 어떤 마음이셨을까요?

   ----

2. 니느웨 성으로 가라는 말을 들었을 때 요나는 무슨 생각을 했을까요?

   ----

3. 폭풍을 만났을 때 요나는 왜 하나님께 기도하지 않았을까요?

   ----

4. 하나님은 명령에 불순종한 요나를 어떻게 생각하셨을까요?

   ----

5. 여러분이 요나라면 어떻게 할 건가요?

아는 것을 떠올려서 읽기

글을 읽을 때 알거나 겪은 일을 떠올리면 어떤 점이 좋은가요?

1. 글의 내용을 쉽게 이해할 수 있어요.

2. 글의 내용에 흥미가 생겨요.

3. 글의 내용을 더 잘 이해할 수 있어요.

4. 자기가 알고 있는 내용과 비교해서 글을 읽을 수 있어요.

나의 경험을 떠올리며 읽을 때와 그냥 읽을 때 어떤 차이가 있나요?

1. 글이 더 실감 나고 재미있게 느껴져요.

2. 자기 경험과 비교해서 주인공의 마음을 잘 이해할 수 있어요.

아는 것을 떠올려서 다음 글을 읽어 보세요.

에서는 사냥을 하고 돌아오자 몹시 배가 고팠어요. 그때 마침 야곱이 팥죽을 요리하고 있었어요.

"야곱아, 너무 배가 고프니까 팥죽 좀 줘라."

"공짜로는 못 주겠는데. 형이 받을 축복을 나한테 팔면 팥죽을 줄 수 있지."

에서는 큰아들로서 받는 축복을 우습게 생각했어요.

"그까짓 축복이 뭐가 중요하다고! 너나 가져라. 그리고 어서 팥죽이나 줘."

야곱은 웃으면서 에서에게 팥죽을 줬어요.

"형이 받을 축복을 나한테 줬다는 사실을 절대 잊지 마!"

이렇게 해서 동생 야곱은 형 에서 대신 아버지 이삭의 축복을 받았어요.

1. 이야기에서 어떤 부분이 실감 나고 재미있게 느껴졌나요?

----

2. 그 부분이 실감 나고 재미있었던 까닭은 무엇인가요?

----

3. 야곱과 에서에 대해서 알고 있는 것을 모두 써 보세요.

----

4. 야곱은 에서가 팥죽을 달라고 할 때 속으로 무슨 생각을 했을까요?

----

5. 여러분도 야곱이나 에서와 비슷한 경험을 했다면 적어 보세요.

----

03 이야기의 상황을 잘 살피기

말의 빠르기, 높낮이, 세기를 살려서 말하면 어떤 점이 좋은가요?

1. 말하는 사람의 생각이나 기분을 잘 알 수 있어요.
2. 말하는 내용을 자연스럽고 재미있게 표현할 수 있어요.
3. 말을 할 때 상황이 어떻게 변하는지 알 수 있어요.

이야기를 읽을 때 인물의 표정과 몸짓과 뜻을 생각해 보세요.

1. 등장인물의 표정과 몸짓을 살펴보면서 읽어 보세요.
2. 등장인물이 왜 그런 표정과 몸짓을 했는지 생각해 보세요.

상황을 잘 살펴서 요셉 이야기를 읽어 보세요.

[형들의 미움을 받은 요셉이 노예로 팔려 가는 장면]

요셉은 양을 치고 있는 형들에게 다가갔어요. 형들은 멀리서 요셉이 걸어오고 있는 모습을 봤어요.

"저기 요셉 아냐?"

"맞아. 저 녀석 좀 봐. 새 옷을 입고 소풍 가는 것 같지 않니?"

"나쁜 녀석. 우리는 이렇게 고생하는데 좋은 옷과 좋은 음식을 먹으면서 우리를 고자질이나 하고."

"요셉을 쥐도 새도 모르게 없애 버리자."

형들은 요셉을 구덩이에 넣었어요.

"왜 이래요. 형! 제발 날 꺼내 줘. 날 살려 줘."

요셉은 괴로워하며 울부짖었어요. 하지만 형들은 못 들은 척했어요. 그리고 지나가는 상인에게 요셉을 노예로 팔아 버렸어요.

1. 형들의 말은 어떤 특징이 있나요?

(말의 빠르기, 높낮이, 세기를 생각해 보세요)

---

2. 형들의 말에서 무엇을 느낄 수 있나요?

---

3. 요셉의 말은 어떤 특징이 있나요?

(말의 빠르기, 높낮이, 세기를 생각해 보세요)

---

4. 요셉의 말에서 무엇을 느낄 수 있나요?

---

04 듣고 말하기

화자란 무엇인가요?

화자는 이야기하는 사람을 말해요.

자기 생각이나 의견을 글로 쓰는 사람도 화자예요.

청자란 무엇인가요?

청자는 이야기를 듣는 사람을 말해요.

상대방의 글을 읽는 사람도 청자예요.

어떻게 말해야 하나요?

1. 말하는 목적에 맞게 말해야 해요.

   '전도를 어떻게 할 것인가?'에 관해 이야기하는데 게임 이야기를 하면 안 되겠죠?

2. 듣는 사람의 수준에 맞게 말해야 해요.

   유치원 다니는 학생에게 정치 이야기를 하면 안 되겠죠?

3. 상황에 맞게 말해야 해요.

   도서관에서 서로 수다를 떨면 안 되겠죠?

어떻게 들어야 하나요?

1. 무조건 비난하려고 하면 안 돼요.

   (예수님도 다른 사람을 까닭 없이 비난하지 말라고 하셨어요)

2. 중요한 내용은 메모하며 들어요.

3. 예의를 갖추고 집중해서 들어요.

4. 고개를 끄덕이는 등 좋은 반응을 보여 주며 들어요.

1. 화자와 청자를 설명해 보세요.

_____

_____

2. 교회에 관한 이야기를 하다가 갑자기 학교 이야기를 하면 어떻게 되나요?

_____

3. 듣는 사람의 수준에 맞지 않는 말을 하면 어떤 문제가 생길까요?

_____

_____

4. 할아버지와 할머니께는 어떤 이야기를 하는 것이 좋을까요?

_____

5. 친구들과 어떤 이야기를 하는 것이 좋을까요?

_____

6. 여러분은 다른 사람이 말할 때 어떤 자세로 듣나요?

_____

_____

7. 여러분은 앞으로 다른 사람의 말을 어떤 자세로 들을 건가요?

_____

_____

05 실감 나게 말하기

실제로 보는 것처럼 실감 나게 말하려면 어떻게 해야 하나요?

1. 이야기에서 감동적인 부분을 찾아요.
2. 감동적인 내용을 전해 주고 싶은 사람을 떠올려요.
3. 말할 내용을 정리해요.
4. 실감 나게 말하기 위해 연습해요.

모세 이야기를 읽어 보세요.

모세는 하나님께 이스라엘 백성을 이집트에서 구하라는 명령을 받았어요. 하지만 이집트 왕은 이스라엘 백성을 풀어 주지 않았어요. 할 수 없이 모세는 하나님의 명령을 받아 이집트에 열 가지 재앙을 내렸어요. 마지막 재앙은 이집트에서 첫 번째로 태어난 생명을 모두 죽이는 것이었어요. 이집트 왕의 아들도 죽었지요. 그러자 이집트 왕은 이스라엘 백성들을 풀어 주었어요.

하지만 이집트 왕은 얼마 되지 않아 이스라엘 백성들을 풀어 준 것을 후회했어요. 그래서 군대를 이끌고 이스라엘 백성들을 쫓아갔어요. 이스라엘 백성들은 도망치려고 했으나 앞에 홍해 바다가 있어서 건널 수가 없었어요.

이때 하나님의 명령을 받아 모세가 지팡이를 내려쳤어요. 그러자 홍해가 갈라지고 이스라엘 백성들은 모두 바다를 건널 수가 있었지요. 이스라엘 백성을 뒤쫓던 이집트 군인들은 어떻게 되었을까요? 이스라엘 백성들이 바다를 모두 건너자 다시 물이 합쳐져 뒤쫓던 군인들은 모두 죽고 말았어요.

1. 모세 이야기에서 감동적인 부분은 어디인가요?

   ----

2. 감동적인 내용을 전하고 싶은 사람은 누구인가요?

   ----

3. 실감 나게 말하기 위해서 말할 내용을 미리 적어 보세요.

   ----

4. 적은 내용을 실감 나게 말해 보세요.

   ----

06 언어 예절

언어란 무엇인가요?

언어란 생각이나 느낌을 표현하기 위해 사용하는 소리나 글을 말해요.

우리가 다른 사람에게 말하는 것, 글을 쓰는 것 모두가 언어예요.

지켜야 할 언어 예절에는 어떤 것들이 있나요?

1. 장소에 따라 지켜야 할 예절이 있어요.

   예배드릴 때는 옆 사람과 잡담하면 안 돼요. 예배에 집중해야 해요.

2. 상대방이 누구냐에 따라 지켜야 할 예절이 달라요.

   아빠나 엄마에게 존댓말을 쓰세요. 동생에게는 다정하게 말하세요.

   친구나 형, 오빠, 누나, 언니에게는 친근하게 말하세요.

3. 말하는 사람을 배려하면서 들어야 해요.

   다른 사람이 말을 할 때는 집중해서 들으세요.

   말을 중간에 끊지 마세요.

   기분 나쁜 표정을 짓지 마세요.

4. 욕이나 은어, 비속어 같은 말을 쓰지 마세요.

은어란 무엇인가요?

우리만 알고 다른 사람은 알아듣지 못하도록 사용하는 말이에요.

은어를 말하면 그 뜻을 모르는 사람에게 상처를 줄 수 있어요.

비속어란 무엇인가요?

다른 사람을 무시하고 얕잡아 보는 태도로 하는 말이에요.

예수님을 믿는 우리는 다른 사람을 무시하는 말을 하면 안 돼요.

1. '언어'란 무엇인가요?

   ----

2. 결혼식과 장례식에서는 각각 어떤 언어를 사용해야 할까요?

   ----

3. 여러분이 부모님께 말할 때 사용하는 존댓말을 모두 적어 보세요.

   ----

4. 은어와 비속어의 다른 점을 설명해 보세요.

   ----

5. 은어나 비속어를 사용했거나 들은 경험이 있나요?

   ----

6. 나의 언어생활 중에 고칠 점이 있으면 써 보세요.

   ----

07 메모하기

메모란 무엇인가요?

메모는 잊지 않도록 간단하게 요점만 적은 글이에요. 우리는 다른 사람에게 들은 것을 금방 잊어버리죠. 그리고 시간이 지날수록 더 기억이 안 나요. 그래서 메모하는 습관이 중요해요.

이야기를 듣고 메모하는 방법을 알아보아요.

1. 중요한 내용만 적어요.
2. 중요한 낱말을 중심으로 간단히 적어요.
3. 무엇이 중요한지 잘 생각해서 빠뜨리지 않고 적어요.

메모하면 어떤 점이 좋을까요?

1. 내용을 정확하게 기억할 수 있어요.
2. 오랫동안 기억할 수 있어요.
3. 필요할 때 언제든지 찾아볼 수 있어요.

전화로 통화한 내용을 적을 때 어떻게 해야 하나요?

1. 다른 사람의 말을 주의 깊게 들어요.
2. 중요한 내용을 빠뜨리지 않고 메모해요.

1. 여러분은 메모를 자주 하나요? 메모하면 어떤 점이 좋은가요?

2. 메모를 안 하면 어떤 점이 안 좋은가요?

3. 최근에 통화한 내용을 메모해 보세요.
   기억이 안 나면 지금 부모님이나 친한 친구와 통화하면서 메모해 보세요.

4. 오늘 담임 선생님의 말씀을 메모해 보세요.
   기억이 안 나면 내일 담임 선생님 말씀을 들으면서 메모해 보세요.

08 간단히 적기

글로 간단히 적을 때 주의 사항을 알아볼까요?

1. 중요한 말이나 중요한 부분을 찾아요.

   그러기 위해서는 집중해서 듣거나 읽어야 해요.

2. 자기만의 여러 가지 기호(*, 밑줄, 숫자 등)를 사용해서 적어요.

3. 다 읽거나 듣고 나면 공책에 정리해요.

들으면서 글로 적는 방법을 알아볼까요?

1. 듣기 전에 무엇을 미리 생각해야 하나요?

   ☞ 들어야 하는 내용이 무엇인지 생각해요.

   내가 알고 있는 지식이나 경험을 떠올려요.

   어떤 방법으로 적을지 생각해요.

2. 들으면서 어떻게 적나요?

   ☞ 적을 내용을 몇 가지로 나누어 간단히 적어요.

   첫째, 둘째 등과 같은 순서를 활용해서 적어요.

   기호(*, ~, ! 등)를 사용하여 적으면 눈에 띄게 나타낼 수 있어요.

   기억에 남는 부분, 떠오르는 생각, 느낌을 간단히 적어요.

3. 듣고 난 뒤에 어떻게 정리하나요?

   ☞ 짜임새 있게 다시 정리해요.

   자기 생각이나 느낌을 덧붙여 정리해요.

   보충할 내용을 떠올려 정리해요.

유튜브에서 '마귀의 시험을 이기신 예수님'을 듣고 정리해 보세요.
(누가복음 4장 1절에서 13절까지 읽어 보면 내용을 이해할 수 있어요)

09 글에 담긴 마음을 알아보기

1. 글쓴이의 마음을 생각하며 글을 읽어요.

2. 마음을 직접 표현한 부분을 찾아보아요.

3. 인물의 말과 행동을 살펴보고 그 까닭을 생각해 봐요.

4. 글쓴이와 비슷한 경험을 떠올려 보고 글쓴이의 마음을 이해해요.

글쓴이의 마음을 생각하며 글을 읽어 보세요.

나는 교회 앞에서 현수를 기다렸다. 오늘 함께 예배드리기로 했기 때문이다. 그러나 예배 시간이 다가왔지만, 현수는 나타나지 않았다. 현수를 전도하려고 애썼는데 노력이 물거품이 된 것 같아 마음이 아팠다. 포기하고 교회에 들어가려고 하였다. 그때 멀리서 현수의 목소리가 들렸다.

"윤후야, 같이 가자."

나는 뛰어오는 현수에게 달려가 손을 덥석 잡았다.

인물의 마음을 짐작하며 글을 읽어 보세요.

요셉의 형들은 요셉을 노예로 팔았어요. 그리고 집에 돌아와서는 아버지에게 요셉이 짐승에게 물려 죽었다고 거짓말을 했어요.

야곱: (두리번거리며) 왜 요셉은 같이 오지 않았느냐?

요셉의 형: (고개를 숙이며) 아버지, 요셉이 그만 못된 짐승에 물려 죽었어요.

야곱: (놀라며) 무엇이라고? (울부짖으며) 요셉아! 요셉아!

1. 윤후의 마음을 직접 표현한 부분을 찾아 써 보세요.

----

2. 현수가 나타나지 않았을 때 윤후는 어떤 마음이었을까요?

----

3. 윤후가 현수의 손을 덥석 잡은 까닭은 무엇일까요?

----

4. 요셉의 형이 고개를 숙인 까닭은 무엇인가요?

----

5. 야곱이 놀란 까닭은 무엇인가요?

----

6. 야곱이 울부짖을 때 어떤 마음이었을까요?

----

10 속담과 관용 표현

속담이란 무엇인가요?

속담이란 옛날부터 내려오는 말 중에 사람들의 지혜가 담긴 말이에요.

'낮말은 새가 듣고 밤말은 쥐가 듣는다.'라는 속담을 아시나요?

함부로 이야기하지 말라는 뜻이에요.

'천릿길도 한 걸음부터'라는 속담을 아시나요?

작은 것부터 차근차근 준비하다 보면 어느새 큰일을 이룬다는 뜻이에요.

속담은 어떤 특징이 있을까요?

1. 속담은 대부분 문장으로 표현돼요.

2. 생활하는 데 필요한 교훈을 담고 있어요.

3. 어떤 대상을 다른 대상에 빗대어 표현하는 방법을 주로 써요.

관용 표현이란 무엇인가요?

관용 표현이란 둘 이상의 낱말이 합쳐져 원래의 뜻과 전혀 다른 뜻이 된 것을 말해요.

'손이 크다'라는 말은 원래 뜻은 손이 크다는 뜻이지만 씀씀이가 후하고 인심이 많다는 뜻으로 바뀌었어요.

속담과 관용 표현을 쓰면 어떤 점이 좋을까요?

길게 설명해야 하는 상황을 간단하고 재미있게 표현할 수 있어요.

1. 속담과 관용 표현의 차이점을 설명해 보세요.

---

2. 여러분이 알고 있는 속담을 써 보고 그 뜻을 설명해 보세요.

---

3. 여러분이 알고 있는 관용 표현을 써 보고 그 뜻을 설명해 보세요.

---

11 속담

속담이란 무엇인가요?

속담이란 예로부터 전해 내려오는 말 중에 교훈이 담긴 말을 말해요.

자주 사용하는 속담을 알아볼까요?

1. 가는 말이 고와야 오는 말이 곱다.

   ☞ 다른 사람에게 잘해야 그 사람도 나에게 잘해 준다.

2. 낮말은 새가 듣고 밤말은 쥐가 듣는다.

   ☞ 어떤 장소에서나 누구에게나 말조심해야 한다.

3. 돌다리도 두드려보고 건너라.

   ☞ 행동을 하기 전에 이상이 없는지 잘 살펴라.

4. 바늘 도둑이 소도둑이 된다.

   ☞ 작은 악행을 고치지 않으면 장차 큰 악행을 저지르게 된다.

5. 발 없는 말이 천 리 간다.

   ☞ 소문은 빨리 전달되므로 말조심해야 한다.

6. 소 잃고 외양간 고친다.

   ☞ 준비를 소홀히 하다가 실패한 후에야 뒤늦게 수습한다.

7. 열 번 찍어 안 넘어가는 나무 없다.

   ☞ 꾸준히 노력하면 결국에는 해낼 수 있다.

8. 지렁이도 밟으면 꿈틀한다.

   ☞ 약하다고 사람을 무시하면 안 된다.

9. 콩 심은 데 콩 나고 팥 심은 데 팥 난다.

   ☞ 원인에 따라 결과가 발생한다.

10. 티끌 모아 태산

    ☞ 아무리 적은 것이라도 모이면 많은 것이 된다.

그리스도인은 어떻게 살아야 할까요?
속담 3개 이상 넣어서 글을 써 보세요.

12 관용어

관용어란 무엇인가요?

둘 이상의 단어들이 모여 원래 뜻과 다른 새로운 뜻을 가지는 말이에요.
'누워서 떡 먹기'라는 말은 진짜 누워서 떡을 먹는 것이 아니라 '일이 쉽다'라는 뜻이에요.
이런 말을 관용어라고 해요.

관용어에는 어떤 것이 있나요?

1. 코가 납작해지다 ☞ 망신을 당하거나 기가 죽어 권위가 뚝 떨어지다.

2. 입이 무겁다 ☞ 말수가 적다. 함부로 말하지 않는다.

3. 눈이 높다 ☞ 자기 수준보다 더 좋은 것만 찾는 버릇이 있다.

4. 귀에 못이 박히다 ☞ 같은 말을 여러 번 듣는다.

5. 손을 잡다 ☞ 서로 뜻을 같이하여 잘 협력한다.

6. 깨가 쏟아진다 ☞ 오붓하고 아기자기하다.

7. 미역국을 먹다 ☞ 시험에 떨어지다.

8. 손이 크다 ☞ 씀씀이가 크다. 인심이 후하다.

9. 찬물을 끼얹다 ☞ 좋은 분위기를 망치거나 흐리게 한다.

10. 목에 힘을 주다 ☞ 거드름을 피우거나 남을 깔보는 듯한 태도를 보인다.

11. 발 벗고 나서다 ☞ 앞장서서 일하거나 앞장서서 남을 도와준다.

12. 목이 빠지다 ☞ 애타게 기다린다. 오래 기다렸다.

13. 손에 땀을 쥐다 ☞ 매우 긴장이 된 상태이다.

14. 발이 넓다 ☞ 아는 사람이 많다.

15. 얼굴이 두껍다 ☞ 뻔뻔하다.

그리스도인이 해야 할 일은 무엇이고, 하지 말아야 할 일은 무엇인가요?

관용어를 6개 이상 넣어서 글을 써 보세요.

13 높임 표현

높임 표현이란 무엇인가요?

높임 표현이란 웃어른을 공경하는 마음을 담은 표현을 말해요.

여러분은 친구에게 "밥 먹어!"라고 말하지요? 그럼 아버지께는 어떻게 말할까요? 설마 친구처럼 '밥 먹어!'라고 말하진 않겠죠? "아버지 진지 잡수세요."라고 말해야겠죠?

하나님을 믿는 어린이는 웃어른께 더욱더 예의를 지켜야 해요.

높임 표현에는 어떤 것이 있나요?

1. '민서가 말한다.'라는 문장에서 민서를 아버지로 바꾸면 문장이 어떻게 달라질까요?

   ☞ '아버지께서 말씀하신다.'라고 써야 해요.

   '가'를 '께서'로, '말'을 '말씀'으로, '한다'를 '하신다'로 바꾸었어요.

2. '나는 친구에게 선물을 주었다.'라는 문장에서 친구를 아버지로 바꾸면 문장이 어떻게 달라질까요?

   ☞ '나는 아버지께 선물을 드렸다.'라고 써야 해요.

   '에게'를 '께'로, '주었다'를 '드렸다'로 바꾸었어요.

3. '현수야, 잘 가.'라는 문장에서 현수를 아버지로 바꾸면 문장이 어떻게 달라질까요?

   ☞ '아버지, 안녕히 가십시오.'라고 써야 해요.

   '잘'을 '안녕히'로, '가'를 '가십시오'로 바꾸었어요.

하나님께 기도드릴 때도 높임말을 써야 한다는 사실도 당연히 알고 있겠죠?

1. '민호가 말을 한다.'에서 민호를 할아버지로 바꾸어 높임 표현 문장으로 만들어 보세요.

    ----

2. '나는 동생에게 책을 주었다.'에서 동생을 어머니로 바꾸어 높임 표현 문장으로 만들어
    보세요.

    ----

3. "민정아, 잘 자."에서 민정이를 할머니로 바꾸어 높임 표현 문장으로 만들어 보세요.

    ----

4. 아래 단어를 높임 표현으로 고쳐 보세요.
    1) 밥 ☞
    2) 생일 ☞
    3) 자다 ☞
    4) 먹다 ☞

5. 하나님께 드리는 기도문을 써 보세요(높임 표현으로 쓰세요).

    ----

14 시간 표현

시간 표현이란 무엇인가요?

시간 표현이란 현재, 과거, 미래의 일을 언어로 표현한 거예요.

현재란 무엇인가요?

현재는 일이 지금 일어나고 있다는 사실을 알려 줘요.

'민호는 교회에 간다.'라는 문장은 민호가 지금 교회에 가고 있는 상황을 알려 줘요. 그래서 현재예요.

과거란 무엇인가요?

과거는 일이 이미 일어났다는 사실을 알려 줘요.

'아담과 하와는 선악과를 먹었다.'라는 문장은 아담과 하와가 이미 선악과를 먹었던 사실을 알려 줘요. 그래서 과거예요. 아담과 하와는 하나님께서 먹지 말라고 말씀하신 선악과를 먹었어요. 그래서 에덴동산에서 쫓겨났죠.

미래란 무엇인가요?

미래는 일이 앞으로 일어난다는 사실을 알려 줘요.

'예수님은 다시 오실 것이다.'라는 문장은 예수님이 앞으로 반드시 다시 오신다는 사실을 알려 줘요. 그래서 미래예요. 예수님은 다시 오실 거예요. 우리 모두 다시 오실 예수님을 기다리며 말씀과 기도, 전도에 힘쓰기로 해요.

1. 과거와 현재 그리고 미래의 차이점을 설명해 보세요.

----

2. 아래 문장은 현재, 과거, 미래 중 어떤 시간을 표현했나요?
   하나님께 예배를 드렸다. ☞ _____

3. 아래 문장은 현재, 과거, 미래 중 어떤 시간을 표현했나요?
   나는 친구를 전도할 것이다. ☞ _____

4. 아래 문장은 현재, 과거, 미래 중 어떤 시간을 표현했나요?
   나는 지금 성경을 읽는다. ☞ _____

5. 나의 과거와 현재의 잘못된 습관을 써 보고 앞으로는 어떻게 할 것인지 현재, 과거, 미래 시제가 모두 들어가도록 글을 써 보세요.

----

15 글자와 소리가 다른 낱말

글자와 소리가 다른 낱말을 알아볼까요?

1. '해돋이'는 [해도지]라고 발음하지만 [해돋이]라고 써요.

2. '같이'는 [가치]라고 발음하지만 [같이]라고 써요.

3. '등받이'는 [등바지]라고 발음하지만 [등받이]라고 써요.

4. '국수'는 [국쑤]라고 발음하지만 [국수]라고 써요.

5. '몹시'는 [몹씨]라고 발음하지만 [몹시]라고 써요.

6. '깍두기'는 [깍뚜기]라고 발음하지만 [깍두기]라고 써요.

7. '갑자기'는 [갑짜기]라고 발음하지만 [갑자기]라고 써요.

8. '낯설다'는 [낟썰다]라고 발음하지만 [낯설다]라고 써요.

9. '값지다'는 [갑찌다]라고 발음하지만 [값지다]라고 써요.

10. '문고리'는 [문꼬리]라고 발음하지만 [문고리]라고 써요.

11. '눈동자'는 [눈똥자]라고 발음하지만 [눈동자]라고 써요.

12. '먹는'은 [멍는]이라고 발음하지만 [먹는]이라고 써요.

13. '있는'은 [인는]이라고 발음하지만 [있는]이라고 써요.

14. '앓는'은 [알른]이라고 발음하지만 [앓는]이라고 써요.

15. '끓는'은 [끌른]이라고 발음하지만 [끓는]이라고 써요.

우리말은 소리 나는 대로만 쓰지 않아요. 왜냐하면 소리 나는 대로 쓰면 그 말이 무슨 뜻인지 잘 모르기 때문이에요.

예를 들면, '의사는 앓는 사람을 치료한다.'에서 '앓는'을 소리 나는 대로 '의사는 알른 사람을 치료한다.'라고 쓰면 무슨 뜻인지 모를 거예요. 그래서 소리 나는 대로 쓰면 안 돼요.

1. '있는'은 [   ]이라고 발음하지만 [   ]이라고 써요.

2. '앓는'은 [   ]이라고 발음하지만 [   ]이라고 써요.

3. '끓는'은 [   ]이라고 발음하지만 [   ]이라고 써요.

4. '갑자기'는 [   ]라고 발음하지만 [   ]라고 써요.

5. '낯설다'는 [   ]라고 발음하지만 [   ]라고 써요.

6. '값지다'는 [   ]라고 발음하지만 [   ]라고 써요.

7. '해돋이'는 [   ]라고 발음하지만 [   ]라고 써요.

8. '같이'는 [   ]라고 발음하지만 [   ]라로 써요.

9. '등받이'는 [   ]라고 발음하지만 [   ]라고 써요.

10. '문고리'는 [   ]라고 발음하지만 [   ]라고 써요.

11. '눈동자'는 [   ]라고 발음하지만 [   ]라고 써요.

12. '먹는'은 [   ]이라고 발음하지만 [   ]이라고 써요.

13. '국수'는 [   ]라고 발음하지만 [   ]라고 써요.

14. '몹시'는 [   ]라고 발음하지만 [   ]라고 써요.

15. '깍두기'는 [   ]라고 발음하지만 [   ]라고 써요.

16 표준어

표준어란 무엇인가요?

표준어란 언어의 통일을 위하여 표준으로 정한 말이에요.

우리나라에서는 서울말을 표준어로 정했어요.

다음 단어 중 표준어를 골라 ○표 하세요.

1. 들어가다 : 드러가다 ⇒ 우리는 오전 10시에 교회에 (들어갔다, 드러갔다).

2. 돌아가다 : 도라가다 ⇒ 차가 막혀서 반대로 (돌아갔다, 도라갔다).

3. 흩어지다 : 흐터지다 ⇒ 예배가 끝나고 모두 집으로 (흩어졌다, 흐터졌다).

4. 드러나다 : 들어나다 ⇒ 모두 거짓이라는 사실이 (드러났다, 들어났다).

5. 사라지다 : 살아지다 ⇒ 내 맘속에 미움과 시기가 (사라졌다, 살아졌다).

6. 쓰러지다 : 쓸어지다 ⇒ 나는 (쓰러졌지만, 쓸어졌지만) 바로 일어났다.

7. 망설이다 : 망서리다 ⇒ 어느 쪽을 택할지 잠시 (망설였다, 망서렸다).

8. 지껄이다 : 지꺼리다 ⇒ 남의 험담을 (지껄이면, 지꺼리면) 안 돼.

9. 퍼덕이다 : 퍼더기다 ⇒ 독수리가 날개를 (퍼덕였다, 퍼더겼다).

10. 오 : 요 ⇒ 예수님만이 (생명이오, 생명이요)

11. 요 : 오 ⇒ 예수님은 (길이요, 길이오) 생명이시다.

12. 든지 : 던지 ⇒ (가든지 오든지, 가던지 오던지) 네 마음대로 해라.

풀어 보았나요? 좀 헷갈리죠? 왼쪽에 있는 단어가 표준어예요.

1. 표준어란 무엇인가요?

_____

_____

2. 우리나라는 어느 지방의 말을 표준어로 사용하고 있나요?

_____

_____

3. 아래 표준어를 넣어 문장을 한 개씩 만들어 보세요.

1) 들어가다 ⇒ _____

2) 돌아가다 ⇒ _____

3) 흩어지다 ⇒ _____

4) 드러나다 ⇒ _____

5) 사라지다 ⇒ _____

6) 쓰러지다 ⇒ _____

7) 망설이다 ⇒ _____

8) 지껄이다 ⇒ _____

9) 퍼덕이다 ⇒ _____

10) 오 ⇒ _____

11) 요 ⇒ _____

12) 든지 ⇒ _____

17 표준어와 방언

어떤 말이 표준어가 될 수 있나요?

1. 교양 있는 사람들이 쓰는 말이어야 해요.

   따라서 남을 무시하는 말이나 유행어는 표준어가 될 수 없어요.

2. 현재 쓰는 말이어야 해요.

   안 쓰이는 말은 표준어가 될 수 없어요.

3. 서울말이어야 해요.

   서울은 우리나라의 수도예요. 그래서 서울말을 표준어로 정했어요.

표준어를 왜 정할까요?

1. 모든 국민이 말이나 글을 쉽게 주고받도록 하기 위해서예요.

2. 지식이나 정보를 쉽게 얻고, 쉽게 교육하기 위해서예요.

방언이란 무엇일까요?

1. 방언이란 한 나라 안에서 지역에 따라 다르게 사용하는 말이에요.

2. 지역에 따라 제주도 방언, 경상도 방언, 전라도 방언 등으로 나눠요.

   예를 들면 할아버지를 '하르방'(제주도), '할압시'(전라도), '할배'(경상도), '할아바이'(함경도) 등 지역에 따라 다르게 부르고 있어요.

   짜고나다(배탈나다), 솔찬히(제법 많이), 싸게싸게(빨리빨리), 이바구(이야기), 잔나비(원숭이) 등도 방언이에요.

1. 표준어와 방언의 차이점을 설명해 보세요.

----

2. 서울말을 표준어로 정한 까닭은 무엇일까요?

----

3. 표준어를 정하면 어떤 점이 좋을까요?

----

4. 아래 방언으로 문장을 한 개씩 만들어 보세요.

1) 할아바이 ⇒ _____

2) 짜고나다 ⇒ _____

3) 솔찬히 ⇒ _____

4) 싸게싸게 ⇒ _____

5. 방언을 사용해 보니 어떤 느낌이 드나요?

----

18 맞춤법 1

글자를 바르게 적기 위한 규칙이에요.

맞춤법은 말을 글자로 적을 때 지켜야 할 약속이기 때문에 지켜야 해요.

맞춤법에 맞는 말에 ◯표 하세요.

1. (어이없다, 어의없다) ⇒ 유다가 예수님을 배반하다니. 정말 어이없다.

2. (금세, 금새) ⇒ 난 침대에 눕자마자 금세 잠이 들었다.

3. (웬만하면, 왠만하면) ⇒ 웬만하면 네가 먼저 용서해라.

4. (웬 떡이야, 왠 떡이야) ⇒ 어제 좋은 꿈을 꾸었더니, 이게 웬 떡이냐?

5. (할게요, 할께요) ⇒ 하나님께 진심으로 기도할게요.

6. (바람, 바램) ⇒ 내 친구가 예수님을 믿는 것이 내 바람이야.

7. (잠갔다, 잠궜다) ⇒ 엄마는 물이 새지 않도록 수도꼭지를 잠갔다.

8. (오랜만에, 오랫만에) ⇒ 오랜만에 친구를 만나니 무척 반갑다.

9. (나중에 봬요, 나중에 뵈요) ⇒ 꼭 교회에서 나중에 봬요.

10. (건드리다, 건들이다) ⇒ 예배 시간에 옆에 있는 친구를 건드리지 마라.

11. (설거지, 설겆이) ⇒ 난 매일 설거지를 하며 엄마를 도와 드린다.

12. (일일이, 일일히) ⇒ 목사님은 예배 후에 성도들과 일일이 악수하셨다.

13. (어떡해, 어떻해) ⇒ 예수님이 십자가에 못 박히셨대. 어떡해!

14. (설렘, 설레임) ⇒ 나는 설렘 속에 예배가 시작되기만 기다렸다.

15. (며칠, 몇일) ⇒ 며칠 동안 하나님 말씀이 가슴 속에 남아 있다.

풀어 보았나요? 좀 헷갈리죠? 왼쪽에 있는 단어가 맞춤법에 맞아요.

1. 어이없다 ⇒ _____

2. 금세 ⇒ _____

3. 웬만하면 ⇒ _____

4. 웬 떡이야 ⇒ _____

5. 할게요 ⇒ _____

6. 바람 ⇒ _____

7. 잠갔다 ⇒ _____

8. 오랜만에 ⇒ _____

9. 나중에 봬요 ⇒ _____

10. 건드리다 ⇒ _____

11. 설거지 ⇒ _____

12. 일일이 ⇒ _____

13. 어떡해 ⇒ _____

14. 설렘 ⇒ _____

15. 며칠 ⇒ _____

18 맞춤법 2

맞춤법에 맞는 말에 ○표 하세요.

1. 가까워 : 가까와 ⇒ 집이 점점 (가까워, 가까와)진다.

2. 강낭콩 : 강남콩 ⇒ 엄마가 주신 (강낭콩, 강남콩)이 맛있었다.

3. 개다 : 개이다 ⇒ 날씨가 (개어, 개이어) 기분이 상쾌하다.

4. 그러고 나서 : 그리고 나서

    ⇒ 나는 잠에서 깼다 (그러고 나서, 그리고 나서) 아침을 먹었다.

5. 깡충깡충 : 깡총깡총 ⇒ 토끼가 (깡충깡충, 깡총깡총) 뛰었다.

6. 깨끗이 : 깨끗히 ⇒ 그릇을 (깨끗히, 깨끗이) 닦아라.

7. 짐꾼 : 짐군 ⇒ 나귀는 (짐꾼, 짐군)과 비슷하다.

8. 나는 : 날으는 ⇒ 하늘을 (나는, 날으는) 제비를 보았다.

9. 냄비: 남비 ⇒ 나는 (냄비, 남비)에 라면을 끓여 먹었다.

10. 귀염둥이 : 귀염동이 ⇒ 내 동생은 우리 집의 (귀염둥이, 귀염동이)이다.

11. 목걸이 : 목거리 ⇒ 난 예쁜 (목걸이, 목거리)를 사고 싶다.

12. 부엌: 부억 ⇒ 엄마는 (부엌, 부억)에서 요리하신다.

13. 살쾡이 : 삵괭이 ⇒ 숲에 사는 (살쾡이, 삵괭이)는 매우 빠르다.

14. 서슴지 : 서슴치 ⇒ 네 생각을 (서슴지, 서슴치) 말고 대답해 보아라.

15. 설거지 : 설겆이 ⇒ 나는 밥을 먹고 항상 (설거지, 설겆이)를 한다.

16. 쌍둥이 : 쌍동이 ⇒ 내 친구 동생은 (쌍둥이, 쌍동이)다.

17. 아무튼 : 아뭏든 ⇒ (아무튼, 아뭏든) 그 일은 네가 해라.

18. 웃어른 : 윗어른 ⇒ (웃어른, 윗어른)에게 인사 잘해야 한다.

풀어 보았나요? 왼쪽에 있는 단어가 맞춤법에 맞아요.

1. 가까워 ⇒
2. 강낭콩 ⇒
3. 개다 ⇒
4. 그러고 나서 ⇒
5. 깡충깡충 ⇒
6. 깨끗이 ⇒
7. 짐꾼 ⇒
8. 나는 ⇒
9. 냄비 ⇒
10. 귀염둥이 ⇒
11. 목걸이 ⇒
12. 부엌 ⇒
13. 살쾡이 ⇒
14. 서슴지 ⇒
15. 설거지 ⇒
16. 쌍둥이 ⇒
17. 아무튼 ⇒
18. 웃어른 ⇒

18 | 맞춤법 3

맞춤법에 맞는 말에 ○표 하세요.

1. 가만히 : 가만이 ⇒ 예배 시간에는 (가만이, 가만히) 앉아 있어라.

2. 괴로워 : 괴로와
   ⇒ 하나님은 우리가 죄를 지을 때 (괴로와, 괴로워)하신다.

3. 금세 : 금새 ⇒ 예배 시간이(금세, 금새) 지나갔다.

4. 기찻길 : 기차길 ⇒ 우리는 (기차길, 기찻길)을 따라 전도하기로 했다.

5. 꽃봉오리 : 꽃봉우리 ⇒ (꽃봉우리, 꽃봉오리)가 탐스럽게 피었다.

6. 산봉우리 : 산봉오리 ⇒ 저 (산봉우리, 산봉오리)만 넘으면 우리 집이다.

7. 끔찍이 : 끔찍히 ⇒ 하나님은 우리를 (끔찍히, 끔찍이) 사랑하신다.

8. 나무꾼 : 나무군 ⇒ 선녀와 결혼한 (나무꾼, 나무군)이야기가 재미있다.

9. 나무라다 : 나무래다
   ⇒ 선생님이 예배 시간에 떠든다고(나무라셨다, 나무래셨다).

10. 낙지볶음 : 낚지볶음 ⇒ 아빠는 (낚지볶음, 낙지볶음)을 좋아하신다.

11. 난쟁이 : 난장이 ⇒ 키가 작다고 (난쟁이, 난장이)라고 놀리지 마라.

12. 낭떠러지 : 낭떨어지 ⇒ (낭떨어지, 낭떠러지)로 떨어지지 않게 조심해라.

13. 남녀 : 남여 ⇒ 우리 반은 (남녀, 남여)가 서로 짝꿍이 된다.

14. 덩굴 : 덩쿨 ⇒ 우리 학교는 장미 (덩굴, 덩쿨)이 아름답다.

15. 녘 : 녁 ⇒ 우리는 주일에 저녁 (녁, 녘)까지 교회에 함께 있었다.

16. 녹슨 : 녹슬은 ⇒ 교회 앞에 있는 (녹슨, 녹슬은) 쓰레기를 치우자.

17. 늠름하다 : 늠늠하다 ⇒ 그리스도인은 어디서나 (늠늠하다, 늠름하다).

1. 가만히 ⇒
2. 괴로워 ⇒
3. 금세 ⇒
4. 기찻길 ⇒
5. 꽃봉오리 ⇒
6. 산봉우리 ⇒
7. 끔찍이 ⇒
8. 나무꾼 ⇒
9. 나무라다 ⇒
10. 낙지볶음 ⇒
11. 난쟁이 ⇒
12. 낭떠러지 ⇒
13. 남녀 ⇒
14. 덩굴 ⇒
15. 녘 ⇒
16. 녹슨 ⇒
17. 늠름하다 ⇒

18 맞춤법 4

맞춤법에 맞는 말에 ○표 하세요.

1. 달여 : 다려 ⇒ 보약을 잘 (다려, 달여) 먹거라.

2. 담가 : 담궈 ⇒ 겨울에 김치를 (담가, 담궈) 봄에 먹는다.

3. 대가 : 댓가 ⇒ 남에게 착한 일을 할 때는 (댓가, 대가)를 바라지 마라.

4. 들여 : 드려 ⇒ 예배는 하나님께 정성을 (들여, 드려)야 한다.

5. 드릴게요 : 드릴께요 ⇒ 하나님께 헌금을 정성껏 (드릴께요, 드릴게요).

6. 드러눕다 : 들어눕다 ⇒ 예배 시간에 바닥에 (드러눕지, 들어눕지) 마라.

7. 들녘 : 들녁 ⇒ 황금 (들녁, 들녘)을 보면 하나님께 감사함을 느낀다.

8. 들이마시다 : 들여마시다 ⇒ 신선한 공기를 (들이마시자, 들여마시자)

9. 등쌀에 : 등살에 ⇒ 친구 (등쌀에, 등살에) 교회에 나가게 되었다.

10. 띠며 : 띠우며 ⇒ 선생님이 미소를 (띠우며, 띠며) 나를 바라보았다.

11. 맞추다 : 마추다

    ⇒ 오늘 엄마랑 옷을 (마추러, 맞추러) 옷 가게에 갔다.

12. 맞히다 : 맞추다

    ⇒ 성경퀴즈대회에서 문제를 많이 (맞히었다, 맞추었다).

13. 머릿속 : 머리속 ⇒ 내 (머리속, 머릿속)은 온통 하나님 생각뿐이다.

14. 메우다 : 매우다 ⇒ 꽃을 심은 뒤에 흙을 (매운다, 메운다).

15. 무릅쓰고 : 무릎쓰고 ⇒ 바울은 죽음을 (무릅쓰고, 무릎쓰고) 전도했다.

16. 바닷속 : 바다속 ⇒ 깊은 (바닷속, 바다속)에도 하나님이 샘을 만드셨다.

17. 북돋우다 : 복돋우다 ⇒ 목사님이 나에게 힘을 (복돋아, 북돋아) 주셨다.

050

1. 달여 ⇒
2. 담가 ⇒
3. 대가 ⇒
4. 들여 ⇒
5. 드릴게요 ⇒
6. 드러눕다 ⇒
7. 들녘 ⇒
8. 들이마시다 ⇒
9. 등쌀에 ⇒
10. 띠며 ⇒
11. 맞추다 ⇒
12. 맞히다 ⇒
13. 머릿속 ⇒
14. 메우다 ⇒
15. 무릅쓰고 ⇒
16. 바닷속 ⇒
17. 북돋우다 ⇒

18 맞춤법 5

맞춤법에 맞는 말에 ○표 하세요.

1. 비로소 : 비로서 ⇒ 난 (비로서, 비로소) 부모님의 사랑을 알게 되었다.

2. 빼앗다 : 빼았다 ⇒ 동생이 내 물건을 (빼았았다, 빼앗았다).

3. 사인펜 : 싸인펜 ⇒ 나는 빨간 (사인펜, 싸인펜)으로 표시를 해 두었다.

4. 살쾡이 : 삵괭이 ⇒ 삵을 다른 말로 (삵괭이, 살쾡이)라고 한다.

5. 서슴지 : 서슴치 ⇒ 불만이 있으면 (서슴치, 서슴지) 말고 바로 말해라.

6. 설레다 : 설레이다 ⇒ 주일에 교회 갈 생각을 하니 (설렌다, 설레인다).

7. 성깔 : 성갈 ⇒ 그리스도인은 (성갈, 성깔)이 고약하면 안 된다.

8. 셋째 : 세째 ⇒ 내 (셋째, 세째) 동생은 성경을 잘 암송한다.

9. 소꿉질 : 소꼽질 ⇒ 내 동생은 매일 친구와 (소꼽질, 소꿉질)을 한다.

10. 솔직히 : 솔직이 ⇒ 난 (솔직히, 솔직이) 예배 시간이 행복해.

11. 수퇘지 : 수돼지 ⇒ 저 (수돼지, 수퇘지)는 너무 뚱뚱하다.

12. 수돗물 : 수도물 ⇒ (수도물, 수돗물)을 아껴 써야 한다.

13. 시험을 치르다 : 시험을 치루다

    ⇒ 오늘 (시험을 치른다, 시험을 치룬다).

14. 싫증 : 실증 ⇒ 난 이제 게임에 (실증, 싫증)을 느꼈다.

15. 썩이다 : 썩히다

    ⇒ 엄마 속 그만 (썩이고, 썩히고) 열심히 공부해야지.

16. 쏜살같이 : 손살같이 ⇒ 전도하러 (손살같이, 쏜살같이) 달려갔다.

17. 아지랑이 : 아지랭이 ⇒ 교회 가는 길에 (아지랑이, 아지랭이)를 보았다.

1. 비로소 ⇒
2. 빼앗다 ⇒
3. 사인펜 ⇒
4. 살쾡이 ⇒
5. 서슴지 ⇒
6. 설레다 ⇒
7. 성깔 ⇒
8. 셋째 ⇒
9. 소꿉질 ⇒
10. 솔직히 ⇒
11. 수퇘지 ⇒
12. 수돗물 ⇒
13. 시험을 치르다 ⇒
14. 싫증 ⇒
15. 썩이다 ⇒
16. 쏜살같이 ⇒
17. 아지랑이 ⇒

맞춤법 6

1. 넌지시 : 넌즈시 ⇒ 친구에게 (넌지시, 넌즈시) 교회 갈 거냐고 물었다.

2. 부스스 : 부시시 ⇒ 늦게 일어났더니 얼굴이 (부시시하다, 부스스하다).

3. 눈살 : 눈쌀 ⇒ 술 취한 사람들을 보고 (눈살을, 눈쌀을) 찌푸렸다.

4. 육개장 : 육계장 ⇒ 우리 아빠는 (육계장, 육개장)을 좋아하신다.

5. 으스대다 : 으시대다 ⇒ 돈이 좀 있다고 (으스대면, 으시대면) 안 된다.

6. 억지 : 어거지 ⇒ 천국이 없다고 (어거지, 억지)를 부리면 안 된다.

7. 하마터면 : 하마트면

    ⇒ 어제 늦잠을 자서 (하마터면, 하마트면) 교회에 못 갈 뻔했다.

8. 어리숙하다 : 어린숙하다

    ⇒ 미영이는 (어린숙하게, 어리숙하게) 보이지만 사실은 똑똑해.

9. 바라다 : 바래다 ⇒ 난 네가 예수님 믿고 천국 가기를 (바래, 바라).

10. 맨날 : 멘날 ⇒ 현수는 (멘날, 맨날) 성경 읽고 기도를 한다.

11. 움큼 : 웅큼 ⇒ 나는 교회 앞에서 쓰레기를 한 (웅큼, 움큼) 버렸다.

12. 삐친 : 비친 ⇒ (삐친, 비친) 민정이를 간신히 달랬다.

13. 욱신거리다 : 욱씬거리다 ⇒ 걸었더니 다리가 (욱씬거린다, 욱신거린다).

14. 꼬이다 : 꼬시다 ⇒ 친구가 (꼬시더라도, 꼬이더라도) 교회는 가야 한다.

15. 으름장 : 으름짱

    ⇒ 교회에 가지 말라고 (으름짱, 으름장)을 놓아도 꼭 와야 해.

16. 으스스 : 으시시 ⇒ 난 그 일만 생각하면 몸이 (으스스, 으시시)하다.

맞춤법에 맞는 단어로 문장을 만들어 보세요.

1. 넌지시 ⇒
2. 부스스 ⇒
3. 눈살 ⇒
4. 육개장 ⇒
5. 으스대다 ⇒
6. 억지 ⇒
7. 하마터면 ⇒
8. 어리숙하다 ⇒
9. 바라다 ⇒
10. 맨날 ⇒
11. 움큼 ⇒
12. 삐친 ⇒
13. 욱신거리다 ⇒
14. 꼬이다 ⇒
15. 으름장 ⇒
16. 으스스 ⇒

1. 돼서 : 되서 ⇒ 난 선교사가 (돼서, 되서) 외국에서 복음을 전하고 싶다.

2. 담가 : 담아 ⇒ 우리는 집에서 직접 김치를 (담아, 담가) 먹는다.

3. 있음 : 있슴 ⇒ 예수님에게만 구원이 (있음, 있슴).

4. 냄새 : 냄세 ⇒ 봄이 되니 꽃밭에 꽃(냄세, 냄새)가 가득하다.

5. 삼가다 : 삼가하다 ⇒ 게임을 (삼가하고, 삼가고) 열심히 공부해야 해.

6. 잎사귀 : 입사귀 ⇒ 나무에 달린 (잎사귀, 입사귀)가 파릇파릇하다.

7. 일어나라 : 이러나라 ⇒ 주일 아침에도 일찍 (이러나라, 일어나라).

8. 먹어라 : 머거라 ⇒ 음식을 가리지 말고 골고루 (먹어라, 머거라).

9. 날개 : 날게 ⇒ 실패해도 괜찮으니 꿈의 (날게, 날개)를 활짝 펴라.

10. 말라고 : 마라고 ⇒ 예배 시간에 떠들지 (말라고, 마라고) 하셨다.

11. 붇기 : 불기 ⇒ 라면이 (불기, 붇기) 전에 빨리 먹어라.

12. 되라고 : 돼라고

⇒ 부모님은 나에게 정직한 사람이 (되라고, 돼라고) 말씀하셨다.

13. 까다롭다 : 까탈스럽다 ⇒ 수학 시험은 항상 (까다롭다, 까탈스럽다).

14. 먼지떨이 : 먼지털이 ⇒ 나는 유리창을 (먼지털이, 먼지떨이)로 닦았다.

15. 통째 : 통채 ⇒ 어떻게 고기를 (통째, 통채)로 삼킬 수 있니?

16. 주책없다 : 주책이다 ⇒ 그런 말을 하다니 참 (주책이다, 주책없다).

17. 발자국 : 발자욱

⇒ (발자국, 발자욱) 소리를 들으니 아빠가 틀림없다.

1. 돼서 ⇒
2. 담가 ⇒
3. 있음 ⇒
4. 냄새 ⇒
5. 삼가다 ⇒
6. 잎사귀 ⇒
7. 일어나라 ⇒
8. 먹어라 ⇒
9. 날개 ⇒
10. 말라고 ⇒
11. 붇기 ⇒
12. 되라고 ⇒
13. 까다롭다 ⇒
14. 먼지떨이 ⇒
15. 통째 ⇒
16. 주책없다 ⇒
17. 발자국 ⇒

19 고유어, 한자어, 외래어

고유어란 무엇인가요?

1. 옛날부터 사용한 우리말이에요.
2. 꽃, 구름, 어머니 등이 있어요.

한자어란 무엇인가요?

1. 한자로 만들어진 것 중에 우리말 속에 자리 잡은 말이에요.
2. 강, 산, 문, 벽, 등산, 독서, 모친 등이 있어요.

외래어란 무엇인가요?

한자를 제외하고 다른 언어에서 빌려 온 말이에요.

1. 버스, 넥타이, 컴퓨터, 아이스크림, 챔피언 (영어에서 빌려 온 말)
2. 세미나, 아르바이트, 알레르기 (독일어에서 빌려 온 말)
3. 첼로, 오페라, 아리아, 스파게티(이탈리아어에서 빌려 온 말)
4. 망토, 크레용, 데생, 모델, 앙코르(프랑스어에서 빌려 온 말)
5. 담배, 카스텔라, 빵 (포르투갈어에서 빌려 온 말)

한자어에 밀려 사라져 가는 고유어에는 어떤 것이 있나요?

1. 가온(한자어: 중심): 사물의 한 가운데
2. 누리(한자어: 세상): 사람들이 사는 모든 사회를 이르는 말
3. 샛별(한자어: 금성): 태양에서 둘째로 가까운 행성
4. 자맥질(한자어: 잠수): 물속으로 잠겨 들어감

1. 고유어, 한자어, 외래어의 차이점을 설명해 보세요.

---

2. 고유어를 사용해서 문장을 한 개씩 만들어 보세요.

1) 가온 ⇒

2) 누리 ⇒

3) 샛별 ⇒

4) 자맥질 ⇒

3. 고유어를 많이 사용하도록 하기 위해서는 어떻게 해야 할까요?
여러분의 의견을 써 보세요.

---

20 고유어

고유어란 옛날부터 사용한 우리말을 말해요.

고유어에는 어떤 것이 있나요?

1. 가탈: 억지로 트집을 잡아 까다롭게 구는 일을 말해요.

   ⇒ 가탈이 심하면 친구를 사귀기 힘들다.

2. 깜냥: 어떤 일을 스스로 해낼 만한 능력을 말해요.

   ⇒ 내 깜냥으로는 전도에 최선을 다했다.

3. 스스럼없다: 조심스럽거나 부끄러운 마음이 없다.

   ⇒ 우리 교회 새 친구는 너무 스스럼없다.

4. 시나브로: 모르는 사이에 조금씩 조금씩.

   ⇒ 나의 마음에 믿음이 시나브로 생긴다.

5. 심드렁하다: 마음에 탐탁하지 아니하여 관심이 없다.

   ⇒ 나는 집에 빨리 가고 싶어서 심드렁하게 앉아 있었다.

6. 암팡지다: 몸은 작아도 힘차고 다부지다.

   ⇒ 동생이 무거운 가방을 드는 것을 보니 너무 암팡진 것 같았다.

7. 앵돌아지다: 마음이 토라지다.

   ⇒ 우리 집 강아지는 쓰다듬어 주지 않으면 앵돌아진다.

8. 옹골차다: 실속 있게 속이 꽉 차다.

   ⇒ 우리 엄마가 만드는 김밥은 항상 옹골차다.

9. 자투리: 팔거나 만든 후 남은 천 조각

   ⇒ 우리 아빠는 자투리를 모아 베개를 만드셨다.

1. 다음 고유어로 문장을 1개씩 만들어 보세요.

(1) 가탈 ⇒

(2) 깜냥 ⇒

(3) 스스럼없다 ⇒

(4) 시나브로 ⇒

(5) 심드렁하다 ⇒

(6) 암팡지다 ⇒

(7) 앵돌아지다 ⇒

(8) 옹골차다 ⇒

(9) 자투리 ⇒

2. 오늘 배운 고유어 중 3개 이상 사용하여 짧은 글을 써 보세요.

21 생각을 꺼내요

생각 꺼내기란 무엇인가요?

머릿속에 자연스럽게 떠오르는 생각을 낱말로 계속 쓰는 거예요.

생각 꺼내기를 하는 까닭은 무엇인가요?

여러분이 글을 쓸 때 어떻게 써야 할지 고민되죠? 그렇다면 머릿속에 있는 생각을 자유롭게 꺼내 보세요. 그렇다면 글쓰기가 훨씬 쉬울 거예요.

생각 꺼내기는 어떻게 하나요?

1. 짧은 시간 동안 많은 생각을 떠올려 보세요.
2. 떠오르는 생각을 낱말로 써 보세요.
3. 서로 관계있는 낱말끼리 이어 보세요.

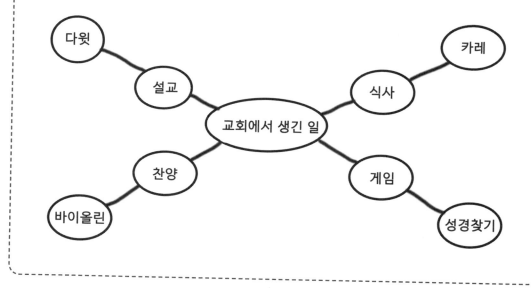

1. 생각 꺼내기란 무엇인가요?

2. 생각 꺼내기를 하는 까닭은 무엇인가요?

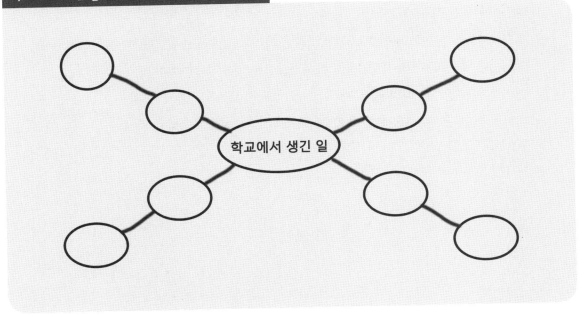

학교에서 생긴 일

22 생각을 묶어요

생각 묶기란 무엇인가요?

글을 쓰기 전에 머릿속에 떠올린 여러 가지 생각들을 묶는 것을 말해요.

생각 묶기를 왜 하나요?

글을 쓸 때 무엇을 어떻게 써야 할지 몰라 고민한 경험이 있지요?

떠올린 생각들을 묶다 보면 글쓰기가 훨씬 쉬워요.

생각 묶기는 어떻게 하나요?

1. 일이 일어난 순서에 따라 묶어 보세요.

2. 일이 일어난 장소에 따라 묶어 보세요.

3. 내가 느꼈던 생각이나 느낌을 묶어 보세요.

어떻게 생각을 묶었는지 알아보세요.

[교회 갈 때 생긴 일로 생각 묶기]

1. 일이 일어난 차례에 따라 생각 묶기: 교회에 가려고 집에서 출발, 친구가 놀이터에서 딱지치기를 하자고 함, 딱지치기하고 아이스크림을 먹음, 교회에 지각함

2. 일이 일어난 장소에 따라 생각 묶기: 집, 놀이터, 아이스크림 가게, 교회

3. 내가 느꼈던 생각이나 느낌을 묶기: 기대, 재미, 맛있음, 불안, 후회, 반성

1. 생각 꺼내기와 생각 묶기를 설명해 보세요.

----

2. 생각 묶기를 하는 까닭은 무엇인가요?

----

3. 오늘 있었던 일로 생각 묶기를 해 보세요.

1) 일이 일어난 차례에 따라 생각을 묶어 보세요.

----

2) 일이 일어난 장소에 따라 생각을 묶어 보세요.

----

3) 내가 느꼈던 생각과 느낌을 묶어 보세요.

----

23 글을 쓰는 순서

글은 어떤 순서로 쓸까요?

1. 먼저 생각을 꺼내요.

   우리는 수많은 생각을 해요. 하지만 그 생각들을 머릿속에서 정리한 후에 글을 쓰려면 힘들어요. 그래서 일단 생각들을 모두 낱말로 적어 보세요.

2. 꺼낸 생각을 묶어요.

   여러분이 꺼낸 생각들을 서로 비슷하거나 관계있는 것끼리 묶어 보세요.

3. 오래 생각하지 말고 빨리 써 봐요.

   여러분이 묶은 생각을 빨리 글로 옮겨 보세요.

4. 틀린 부분을 고쳐요.

   빨리 쓴 글에서 틀린 것은 없는지, 빼거나 추가할 것이 있는지 확인해요.

어떻게 글을 썼는지 알아보세요.

1. 생각 꺼내기: 몽이, 병, 신음, 밥, 불쌍하다, 건강, 병원, 애완견, 치료, 사랑

2. 생각 묶기: 몽이-애완견-사랑, 병-밥-신음-불쌍하다, 병원-치료-건강

3. 빨리 쓰기: 나의 애완견 몽이가 어제부터 어디가 아픈지 밥을 먹지 않고 신음했다. 왠지 불쌍하다는 생각이 들었다. 오늘 치료를 받으러 병원에 간다. 빨리 낳았으면 좋겠다.

4. 고쳐 쓰기: 낳았으면 ⇒ 나았으면, '나의'와 '애완견' 사이에 '사랑하는'을 넣는다.

1. 생각 꺼내기

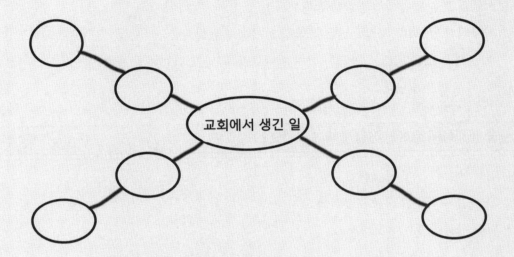

2. 생각 묶기

----

3. 빨리 쓰기

----

4. 고쳐 쓰기

----

24 자세하고 생생하게 쓰기

글을 자세히 쓰려면 어떻게 해야 하나요?

1. 사물의 모습을 자세히 관찰해야 해요.

2. 사물의 모양, 색깔, 느낌, 소리, 냄새 등을 자세히 표현해요.

   ☞ 은행은 조그맣고 동그랗다. 만지면 매끄럽다. 발로 밟으면 으깨지는 소리가 나면서 썩은 냄새가 난다.

글을 생생하게 쓰려면 어떻게 해야 하나요?

1. 사물의 모습을 잘 관찰해요.

2. 그 사물과 비슷한 사물을 찾아봐요.

3. 다른 사물에 빗대어 표현해요.

   ☞ 학교 운동장에 흔들리는 깃발이 마치 손수건을 흔드는 사람 같았다.

다른 친구가 쓴 글을 읽어 보세요.

엄마가 시장에서 수박을 사 오셨다. 수박을 들어 보니 볼링공처럼 무거웠다. 수박은 크고 동그랗다. 그리고 초록색 바탕에 검은 줄무늬가 있다. 손으로 두드리면 문을 두드리는 소리가 난다. 반으로 잘라 보면 빨간 속살에 검은 점들이 박혀 있다. 한입 깨물어 보니 단맛이 입안에 가득했다. 수박을 다 먹고 껍질을 머리에 쓰니 엄마가 마치 군인 같다고 말씀하셨다.

1. 여러분이 좋아하는 과일을 자세히 표현해 보세요.

----

2. 여러분이 좋아하는 동물을 생생하게 표현해 보세요.

----

25 글의 제목

글 전체의 내용을 알 수 있도록 붙인 이름을 말해요.

제목이 중요한 까닭은 무엇인가요?

1. 많은 사람이 제목을 보고 글을 읽거나 책을 골라요.
2. 제목만으로 글의 주제나 내용을 대충 알 수 있어요.

제목을 정하는 요령

1. 주제가 잘 드러나도록 제목을 붙여요. ☞ 예) 예수님을 믿는 까닭

2. 호기심이 생기도록 제목을 붙여요. ☞ 예) 다시 살아난 나사로

3. 문장으로 제목을 붙여요. ☞ 예) 하나님은 어떤 분일까요?

4. 글의 목적을 잘 나타내도록 제목을 붙여요.

   ☞ 하나님께 드리는 기도, 엄마에게 보내는 편지

5. 눈에 보이듯이 제목을 붙여요. ☞ 예) 폭풍우 치는 밤에

6. 아름다운 표현으로 제목을 붙여요. ☞ 예) 내 맘에 속삭이는 성령님

7. 비슷하거나 반대되는 말로 제목을 붙여요. ☞ 예) 천사와 사탄

8. 계절을 사용해서 제목을 붙여요. ☞ 예) 어느 가을의 풍경

9. 사랑이라는 단어를 사용해서 제목을 붙여요. ☞ 예) 하나님 사랑

10. 비교나 비유하는 말로 제목을 붙여요.

    ☞ 예) 바다 같은 하나님 사랑. 천국은 생명 지옥은 사망

11. 꽃이나 새의 이름을 사용해서 제목을 붙여요.

    ☞ 예) 앵무새 길들이기, 행복한 비둘기

1. 주제가 잘 드러나도록 제목을 붙여 보세요.

   ☞ _____

2. 호기심이 생기도록 제목을 붙여 보세요.

   ☞ _____

3. 문장으로 제목을 붙여 보세요.

   ☞ _____

4. 글의 목적을 잘 나타내도록 제목을 붙여 보세요.

   ☞ _____

5. 눈에 보이듯이 제목을 붙여 보세요.

   ☞ _____

6. 아름다운 표현으로 제목을 붙여 보세요.

   ☞ _____

7. 비슷하거나 반대되는 말로 제목을 붙여 보세요.

   ☞ _____

8. 계절을 사용해서 제목을 붙여 보세요.

   ☞ _____

9. 사랑이라는 단어를 사용해서 제목을 붙여 보세요.

   ☞ _____

10. 비교나 비유하는 말로 제목을 붙여 보세요.

    ☞ _____

11. 꽃이나 새의 이름을 사용해서 제목을 붙여 보세요.

    ☞ _____

26 글의 제목을 붙이는 방법

시에 제목 붙이기

주로 중심 글감을 시의 제목으로 붙여요.

상상력을 불러일으키는 단어를 제목으로 붙이기도 해요.

설명하는 글에 제목 붙이기

설명하려고 하는 대상을 제목으로 붙여요.

읽는 사람이 제목만 보고 무엇을 설명하는지 알 수 있도록 제목을 붙여요.

주장하는 글에 제목 붙이기

주장하는 글은 자기 의견을 분명하게 전달하는 거예요.

따라서 자기 의견을 제목으로 붙여요.

이야기 글에 제목 붙이기

중심 글감을 제목으로 붙여요.

호기심을 불러일으킬 만한 말을 사용하면 더 좋아요.

1. 아래 시의 제목을 붙여 보세요.

여호와는 나의 목자시니 내게 부족함이 없으리로다

그가 나를 푸른 풀밭에 누이시며 쉴 만한 물가로 인도하시는도다

⇒ 제목: _____

2. 아래 설명하는 글의 제목을 붙여 보세요.

이스라엘 백성이 그 이름을 만나라 하였는데 그것은 깟씨 같이 희고 맛은 꿀 섞은 과자 같았다.

⇒ 제목: _____

3. 아래 주장하는 글의 제목을 붙여 보세요.

사람이 착하게 살았다고 해서 구원받을 수 없습니다. 이 세상 누구도 죄가 없는 사람은 없습니다. 따라서 선행은 구원의 조건이 될 수 없습니다. 예수님이 내 죄를 대신 지고 십자가에서 희생하셨다는 사실을 진심으로 믿어야만 구원을 받을 수 있습니다.

⇒ 제목: _____

4. 아래 이야기 글의 제목을 붙여 보세요.

여섯째 달에 천사 가브리엘이 하나님의 보내심을 받아 갈릴리 나사렛이란 동네에 가서 다윗의 자손 요셉이라 하는 사람과 약혼한 처녀에게 왔는데 그 처녀의 이름은 마리아입니다. 천사는 마리아에게 "은혜를 받은 자여 평안할지어다. 주께서 너와 함께 하신다."라고 말했습니다. 마리아가 그 말을 듣고 놀라자 천사가 "마리아여, 무서워하지 말라 네가 하나님께 은혜를 입었다. 보라 네가 잉태하여 아들을 낳으리니 그 이름을 예수라고 지어라."라고 말하였습니다.

⇒ 제목: _____

27 편지 쓰기

편지란 무엇인가요?

편지는 상대방에게 안부를 묻거나 소식을 전하기 위해 쓰는 글이에요.

편지는 왜 쓰나요?

1. 상대방의 안부를 묻고 내 안부도 전해 주기 위해 써요.

2. 특별한 소식을 전해 주기 위해 써요.

3. 일 때문에 필요한 내용을 알려야 할 때 써요.

편지는 어떻게 써야 할까요?

1. 상대방과 이야기하듯이 쓰면 돼요.

2. 상대방에게 예의를 갖춰서 써야 해요. 높은 분에게는 존댓말을 써요.

3. 쉽고 짧은 문장으로 써요.

4. 말하고자 하는 내용이 분명하게 드러나게 써요.

편지는 어떤 형식으로 써야 하나요?

편지는 크게 첫머리, 사연, 끝맺음으로 나누어 써요.

1. 첫머리: 상대방을 부르는 말, 첫인사, 계절 인사, 자기 안부, 상대 안부 등을 적어요.

2. 사연: 편지를 쓰게 된 까닭을 자연스럽고 솔직하게 써요.

3. 끝맺음: 끝인사, 날짜, 쓴 사람 등을 써요.

요즘은 주로 핸드폰으로 문자를 보내기 때문에 편지를 쓸 일이 별로 없어요.

하지만 편지를 한 번 주고받아 보세요. 그러면 상대방이 좋아할 거예요.

할아버지께

할아버지, 그동안 건강하게 잘 지내셨어요? 저도 잘 지내고 있어요. 자주 찾아뵙지 못해 죄송해요. 제가 이렇게 할아버지께 편지를 쓴 까닭은 할아버지께서 예수님을 믿고 천국에 가기 원해서예요. 저는 할아버지와 천국에서 살고 싶어요. 할아버지, 꼭 예수님 믿으세요.

그럼 건강하게 지내세요. 다음에 또 연락드릴게요.

2000년 ○월 ○일 지영이 올림

직접 편지를 써 보세요.

1. 누구에게 편지를 쓰고 싶은가요?

----

2. 편지 쓰는 요령을 생각하고 직접 편지를 써 보세요.

1) 첫머리: _____

----

2) 사연: _____

----

3) 끝맺음: _____

----

28 가족에게 편지 쓰기

가족에게 어떻게 편지를 써야 할까요?

1. 받는 사람에게 예의를 갖추어 씁니다.

2. 하고 싶은 말을 옆에서 이야기하듯이 솔직하게 씁니다.

3. 편지의 형식에 맞게 씁니다.

가족에게 어떤 형식으로 편지를 써야 할까요?

1. 받는 사람 ⇒ 할머니께 / 민서에게

2. 첫인사 ⇒ 할머니, 잘 지내시지요? / 민서야, 잘 지내니?

3. 하고 싶은 말 ⇒ 옆에서 이야기하듯이 솔직하게 씁니다

4. 끝인사 ⇒ 다시 연락드릴게요. 안녕히 계세요 / 다음에 연락할게. 잘 있어.

5. 쓴 날짜 ⇒ ○월 ○일

6. 쓴 사람 ⇒ 할머니 손녀 현지 올림 / 너의 친구 현지가

여러분은 부모님께 순종하고, 부모님은 여러분을 잘 양육하여 행복한 가정이 되기를 하나님께서는 바라세요(에베소서 6:1~4).

    1) 자녀들아 주 안에서 너희 부모에게 순종하라 이것이 옳으니라

    2) 네 아버지와 어머니를 공경하라 이것은 약속 있는 첫 계명이니

    3) 이로써 네가 잘 되고 땅에서 장수하리라

    4) 또 아비들아 너희 자녀를 노엽게 하지 말고 오직 주의 교훈과 훈계로 양육하라

가족에게 마음을 담아 편지를 써 보세요.

1. 가족 중에 누구에게 편지를 쓰고 싶은가요?

   ----

2. 첫인사를 뭐라고 쓸 건가요?

   ----

3. 편지를 받는 사람에게 감사할 일이 무엇이 있나요?

   ----

4. 편지를 받는 사람에게 미안한 일이 무엇이 있나요?

   ----

5. 편지를 받는 사람에게 앞으로는 어떻게 행동할 건가요?

   ----

6. 끝인사를 어떻게 쓸 건가요?

   ----

7. 위의 내용을 정리해서 편지를 써 보세요.

   ----

29 일기 쓰기

일기란 무엇인가요?

생활하면서 겪은 여러 가지 일을 실감 나게 쓴 글이에요.

일기는 자기만 보려고 쓰는 글이에요.

일기는 어떻게 써야 하나요?

1. 하루에 있었던 일 중에 기억에 남는 일을 골라 써요.

2. 꾸밈없이 솔직하게 써야 해요.

3. 자기 느낌을 자세히 써야 해요.

4. 일기에는 '나는'이나 '오늘'이라는 말을 꼭 쓰지 않아도 돼요.

   왜냐하면 일기는 내가 오늘 겪은 일을 쓰기 때문이에요.

다른 친구는 일기를 어떻게 썼는지 볼까요?

설교 시간에 졸음이 쏟아졌다. 어제 밤늦게까지 핸드폰으로 친구들과 채팅을 하다가 새벽 1시가 넘어 잠들었기 때문이다. 목사님께서 설교 중에 내 이름을 부르시며 말씀을 잘 들어야 한다고 충고하셨다. 나보다 더 어린 동생들도 예배를 집중해서 잘 드리는 모습을 보니 창피하다는 생각이 들었다. 다음부터는 토요일에 일찍 자서 설교 시간에 잠자는 일이 없도록 해야겠다.

1. 일기와 편지의 다른 점을 설명해 보세요.

2. 일기 쓸 때 어떤 점에 주의해야 하나요?

지난 주일 교회에서 겪은 일을 일기로 써 보세요.

30 생활문 쓰기

생활문이란 무엇인가요?

생활하면서 겪은 여러 가지 일을 실감 나게 쓴 글이에요.

생활문의 글감은 무엇인가요?

우리 주변에서 일어나는 모든 일이 글감이 될 수 있어요.

학교에서 일어난 일, 집에서 일어난 일, 여행 중에 일어난 일, 교회에서 일어난 일, 친구와 놀면서 일어난 일, 듣거나 경험한 것 모두 글감이에요.

생활문은 어떻게 쓰나요?

1. 겪은 일 중에 가장 재미있고 기억에 남은 일을 골라요.
2. 그 일이 일어난 까닭과 일이 일어난 순서, 결과 순으로 자세히 써요.
3. 인물이 한 말이나 행동을 자세히 쓰면 더 실감 나요.
4. 생각이나 느낌을 솔직하게 써요.

아래 생활문을 읽어 보세요.

3교시 수업을 막 마칠 때였다. 방귀 냄새가 온 교실에 가득 찼다. 방귀 냄새가 어찌나 지독한지 아이들은 누가 시키지도 않았는데 창문을 열었다. 하지만 창문을 열었는데도 방귀 냄새는 좀처럼 없어지지 않았다.

현수는 방귀 뀐 사람을 찾아야 한다며 큰소리로 외쳤다. 그러나 방귀 뀐 사람을 찾을 수 없었다. 한 시간이 지나자 방귀 냄새는 사라졌다. 방귀 뀐 친구가 속으로 웃고 있는 모습을 생각하니 나도 모르게 웃음이 나왔다.

1. 여러분이 겪은 일 중 가장 재미있고 기억에 남은 일은 무엇인가요?

----

2. 그 일이 일어난 까닭은 무엇인가요?

----

3. 일이 어떻게 진행됐나요?

----

4. 그 일을 겪으면서 어떤 느낌을 받았나요?

----

5. 위의 내용을 정리해서 여러분이 겪은 일을 솔직하게 써 보세요.

----

31 겪은 일 쓰기 1

겪은 일 쓰기란 무엇인가요?

자신이 직접 실제로 보고, 듣고, 말하고, 느낀 일을 글로 쓰는 거예요.

겪은 일을 어떻게 쓰나요?

1. 내가 겪은 일을 일어난 차례대로 써요.

2. 말글로 재미있게 표현해요. (예) "왜 얼굴을 찡그리고 있니?"

3. 겪은 일은 내 이야기이므로 '나는' '내가'라는 말은 안 써도 돼요.

4. '오늘'이라는 말은 쓰지 않아도 돼요.

5. 제목을 붙여 쓰면 더욱 짜임새 있게 쓸 수 있어요.

겪은 일을 쓴 글을 읽어 보세요.

[엄마 잃은 아이]

저녁을 먹고 슈퍼마켓에 갔다. 학용품과 내 동생에게 줄 장난감을 사기 위해서였다. 문구가 있는 곳으로 가는 중에 네 살 정도 보이는 여자아이가 울고 있는 모습을 보았다. 나는 다가가서 그 아이에게 물었다.

"너, 왜 울고 있어? 엄마는 어디 있어?"

"몰라."

나는 어떻게 해야 할지 몰라서 고민하다가 점원에게 아이를 데려다주었다. 점원은 아이를 안아 준 다음 엄마를 찾는 방송을 해 주었다. 잠시 후에 아이의 엄마가 달려와서 안아 주자 아이가 울음을 멈추었다. 슈퍼마켓에서 나오면서 좋은 일을 했다는 생각에 뿌듯했다.

1. 제목을 붙여 보세요.

---

2. 일이 일어난 차례대로 간단히 정리해 보세요.

---

3. 내 생각이나 느낌을 써 보세요.

---

4. 내용을 정리해서 겪은 일을 써 보세요(말글을 한 개 이상 넣으세요).

---

31 겪은 일 쓰기 2

겪은 일 쓰기란 무엇인가요?

자신이 직접 실제로 보고, 듣고, 말하고, 느낀 일을 글로 쓰는 거예요.

겪은 일을 어떻게 쓰나요?

1. 알기 쉽게 써요.

   [언제, 어디서, 누구와 있었던 일인지 자세히 써요]

2. 일이 일어난 순서대로 써요.

   [일이 일어난 순서대로 쓰면 일이 일어난 상황을 쉽게 알 수 있어요]

3. 자기 생각과 느낌을 솔직하고 실감 나게 표현해요.

4. 자연스럽게 써요.

   [일부러 꾸미려 하지 말고 친구에게 말하듯이 써요]

겪은 일을 쓴 글을 읽어 보세요.

[친구 전도]

주일에 점심을 먹고 교회에 가는 길이었다. 영서가 편의점에서 과자를 사고 나오는 모습을 보았다. 난 전부터 영서를 교회에 데리고 가려고 했는데 영서가 자꾸 핑계를 대서 한 번도 교회에 데려가지 못했다. 난 혹시나 하는 마음으로 영서에게 다가갔다.

"영서야, 반가워. 지금 시간 있니? 오늘은 꼭 너랑 교회에 갔으면 좋겠는데…."

"그래? 오늘은 괜찮은데. 한 번 가 볼까?"

난 영서가 그렇게 쉽게 교회 간다고 말할 줄 몰랐다. 난 기분이 좋았다. 앞으로는 망설이지 말고 친구들에게 예수님이 나의 죄를 대신해서 죽었으며 예수님을 마음에 영접하면 천국에 간다고 말해 주어야겠다.

1. 언제, 어디서, 누구와 무슨 일이 있었나요?

----

2. 그 일에 대한 내 생각이나 느낌은 어땠나요?

----

3. 그 일을 겪은 후 어떤 다짐을 했나요?

----

4. 위의 내용을 정리해서 겪은 일을 써 보세요.

----

32 처음 만난 경험 쓰기

처음 만났던 경험을 어떻게 글로 쓰나요?

1. 언제, 어디서, 누구와 어떻게 처음 만났는지 써요.

2. 만났을 때의 느낌을 써요.

3. 만나기 전과 만난 후의 나의 변화를 솔직하게 써요.

4. 앞으로 어떻게 관계를 계속 이어 나갈지 써요.

처음 만났던 경험을 쓴 글을 읽어 보세요.

[나의 친구 서영이]

나는 서영이를 여름성경학교 때 처음 만났다. 당시 나와 서영이는 6학년이었다. 서영이는 교회 선생님의 조카로 우리 교회에 처음으로 나왔다.

나는 서영이에게 먼저 다가가 인사했다. 서영이도 웃으면서 나의 인사를 받아 주었다. 우리는 성격이 비슷했다. 마치 오래된 친구를 만난 것처럼 금방 친해졌다.

서영이를 만나기 전까지는 우리 반에 여자는 나 혼자였다. 그래서 분반 공부를 별로 하고 싶지 않았다. 하지만 서영이가 온 후부터 더 이상 외롭지 않았고 분반 공부도 재미있다.

앞으로 서영이와 친해지고 싶다. 서영이 친구들도 교회에 와서 같이 예배드렸으면 좋겠다.

처음 만났던 경험을 글로 써 보세요.

1. 언제, 어디서, 누구와 어떻게 처음 만났나요?

2. 처음 만났을 때 느낌은 어땠나요?

3. 만나기 전과 후의 나의 변화를 써 보세요.

4. 앞으로 어떻게 관계를 계속 이어 나갈지 써 보세요.

5. 위의 내용을 정리해서 처음 만났던 경험을 써 보세요.

33 반성하는 글쓰기

반성하는 글이란 무엇인가요?

자기가 실수한 말이나 행동을 솔직하게 밝혀 쓰는 글이에요.

반성하는 글에는 어떤 종류가 있나요?

1. 사과문: 잘못을 사과하는 글이에요.

2. 경위서: 잘못이 일어났던 과정을 자세히 밝혀 쓴 글이에요.

3. 참회록: 지난 잘못을 깨닫고 뉘우치는 마음으로 솔직하게 쓴 글이에요.

반성하는 글은 어떻게 쓰나요?

1. 자신이 잘못한 말이나 행동을 밝힙니다.

2. 그것이 잘못이라고 생각한 까닭을 씁니다.

3. 잘못을 어떻게 바로잡을지 씁니다.

4. 앞으로 잘못을 반복하지 않기 위해 어떻게 해야 할지 씁니다.

반성하는 글을 읽어 보세요.

오늘 엄마가 헌금하라고 천 원을 주셨는데 교회 가는 길에 편의점을 지나가다 너무 배가 고파 컵라면을 사 먹었다. 그리고 선생님께는 엄마가 집에 안 계셔서 헌금을 가져오지 못했다고 거짓말까지 했다. 집에 돌아오는 길에 마음이 무거웠다. 헌금하라고 주신 돈을 내 마음대로 다른 곳에 사용했고 또 선생님께 거짓말까지 했기 때문이다.

엄마와 선생님께 솔직히 나의 잘못을 이야기하고 용서해 달라고 했다. 하나님께 잘못했다고 회개의 기도를 드려야겠다. 앞으로는 헌금하라고 주신 돈을 다른 곳에 사용하지 않겠다고 다짐했다.

1. 여러분이 잘못했다고 생각하는 말이나 행동을 적어 보세요.

----

2. 그것이 왜 잘못이라고 생각하나요?

----

3. 잘못을 어떻게 바로잡을 건가요?

----

4. 앞으로 그런 잘못을 반복하지 않기 위해 어떻게 할 건가요?

----

5. 위의 내용을 정리해서 반성하는 글을 써 보세요.

----

34 상상하는 글쓰기 1

상상이란 무엇인가요?

상상이란 실제로 일어나지 않은 일을 마음속으로 그려 보는 거예요.

잠수함, 텔레비전, 우주여행 등도 처음에는 상상한 것들이에요.

하지만 상상은 현실이 되었어요.

상상하는 글은 어떻게 쓰나요?

1. 실제 일어난 일처럼 써요.

2. 남들이 쉽게 상상할 수 없는 일을 써요.

3. 읽는 사람이 흥미 있도록 재미있게 써요.

4. 인물들의 말과 행동을 눈에 보이는 것처럼 실감 나게 써요.

5. 재미있고 깜짝 놀랄 만한 아이디어가 있으면 좋아요.

상상하는 글을 읽어 보세요.

민수는 어느 날 나무 아래서 잠을 자다가 몸이 갑자기 하늘로 막 올라가는 느낌이 들었어요. 민수는 아래를 내려다보았어요. 온 세상이 너무 작게 보였어요. 구름 속을 한참 지나고 나니 넓은 유리 바다가 보였어요. 유리 바다를 건너자 큰 문이 있었고 문에 들어서니 바닥과 벽이 온통 금이었어요. 건물은 온갖 보석으로 장식되어 있었어요. 민수가 간 곳은 천국이었어요. 천국은 정말 눈부시게 아름다운 곳이었어요. 그곳에서 민수는 예수님을 보았어요. 예수님은 민수를 안아 주었어요.

1. 천국은 어떤 모습일까요?

2. 여러분이 천국에 갔다고 생각하고 상상하는 글을 써 보세요.

34 상상하는 글쓰기 2

상상이란 무엇인가요?

상상은 실제로 일어나지 않은 일을 마음속으로 그려 보는 거예요.

상상하는 글이란 무엇인가요?

마음속으로 그려 본 것을 글로 옮긴 거예요.

상상하는 글은 어떻게 쓰나요?

1. 실제 일어난 일처럼 써요.

2. 남들이 쉽게 상상할 수 없는 일을 써요.

3. 읽는 사람이 흥미를 느끼도록 재미있게 써요.

4. 인물들의 말과 행동을 눈에 보이는 것처럼 실감 나게 써요.

5. 재미있고 깜짝 놀랄 만한 아이디어가 있으면 좋아요.

상상하는 글을 읽어 보세요.

큰 빌딩에 불이 활활 타고 있었다. 사람들이 빠져나오지 못해 아우성치고 있었다. 그때 소방 로봇이 하늘을 날아왔다. 그리고 입에서 물을 뿜자 순식간에 빌딩에 붙은 불이 꺼졌다. 소방 로봇은 내 발명품이다. 나는 로봇을 연구하는 과학자다. 소방 로봇은 다시 다른 곳에 불을 끄러 갔다. 나는 내가 발명한 번개 로봇을 타고 1분 만에 집으로 돌아왔다.

1. 미래의 도시는 어떤 모습일까요?

---

2. 나오는 인물은 누구누구인가요?

---

3. 언제, 어디서 일어난 일인가요?

---

4. 어떤 일이 일어났나요?

---

5. 위의 내용을 정리하여 미래의 도시 모습을 상상하여 써 보세요.

---

35 이야기 글쓰기

이야기 글이란 무엇일까요?

이야기 글은 상상력을 바탕으로 꾸며 쓴 글이에요.

이야기 글에 꼭 있어야 할 것은 무엇인가요?

1. 인물: 이야기 속에서 사건을 이끌어 가요.

   사람뿐만 아니라 동물, 식물, 무생물도 인물이 될 수 있어요.
2. 사건: 인물들 사이에서 일어나는 일이에요.
3. 배경: 사건이 일어나는 때, 장소 등을 말해요.

이야기 글은 어떻게 쓰나요?

1. 처음 부분은 호기심을 자극하도록 재미있게 써요.
2. 인물들의 말과 행동을 눈에 보이는 것처럼 실감 나게 써요.
3. 흉내 내는 말이나 재미있는 표현을 알맞게 써요.

이야기 글을 읽어 보세요.

윙~ 사이렌 소리가 요란하게 들린다. 나는 얼른 옷을 갈아입고 소방차에 올라탔다. 우리는 사이렌 소리가 울린 지 3분 만에 출동했다. 도착한 곳은 얼어붙은 강가였다. 그곳에서 한 남자아이가 손을 내저으며 소리치고 있었다.

"살려 주세요! 저 여기 있어요!"

나는 밧줄로 내 몸을 묶은 뒤 밧줄을 차에 고정했다. 그리고 주저 없이 물속으로 뛰어들었다. 그 아이를 내 팔에 감싸 안고 물 밖으로 나와서 인공호흡을 했다. 일 분쯤 지나자 그 아이가 물을 입 밖으로 뱉었다.

"이제 괜찮아, 넌 이제 살았어."

1. 여러분은 미래에 어떤 직업을 갖게 되나요?

   ---

2. 나오는 인물은 누구누구인가요?

   ---

3. 언제, 어디서 일어난 일인가요?

   ---

4. 어떤 일이 일어났나요?

   ---

5. 위의 내용을 정리하여 여러분의 미래를 이야기 글로 써 보세요.

부탁하는 글쓰기 1

부탁하는 글이란 무엇인가요?

부탁이란 어떤 일을 해 달라고 요청하거나 맡기는 것을 말해요.

다른 사람이 내 부탁을 들어주도록 하려면 글을 어떻게 써야 할까요?

부탁하는 글은 어떻게 써야 하나요?

1. 무엇을 부탁하는지 분명하게 써야 해요.

2. 부탁하는 까닭을 잘 설명해야 해요.

3. 부탁을 들어주면 어떤 점이 좋은지 설명해 줘요.

4. 읽는 사람에 따라 알맞은 말을 사용해야 해요.

부탁하는 글을 읽어 보세요.

다정이에게

다정아, 네가 항상 내 옆에 좋은 친구로 있어 줘서 기뻐. 그런데 한 가지 부탁이 있어. 이번 주일에 나랑 교회에 같이 갔으면 좋겠어. 난 너처럼 착한 아이가 예수님을 믿지 않아서 지옥에 가는 것이 싫어. 너도 나처럼 예수님 믿고 천국 가자. 교회에 가면 네가 생각하는 것보다 훨씬 더 편안하고 기쁨이 넘칠 거야. 너도 분명히 좋아할 거야. 꼭 갈 거지?

친구나 부모님, 선생님 중에서 한 명을 골라 예수님을 진심으로 믿으라고 부탁하는 글을 써 보세요.

36 부탁하는 글쓰기 2

부탁하는 글이란 무엇인가요?

부탁이란 어떤 일을 해 달라고 요청하거나 맡기는 것을 말해요.

여러분은 남에게 부탁해 본 적 있나요?

부탁할 때는 어떻게 해야 하나요? 당당하게 말해야 하나요?

예의 바르고 정중하게 그리고 부탁을 들어주도록 잘 설명해야겠죠?

부탁하는 글을 쓸 때 주의해야 할 점은 무엇인가요?

1. 누가 누구에게 쓰는 글인지 밝혀요.

2. 읽는 사람을 생각하며 예의 바르게 써요.

3. 부탁하는 내용과 그 까닭이 잘 드러나게 써요.

4. 문제를 해결할 방법도 함께 써요.

부탁하는 글은 어떤 형식으로 쓰나요?

1. 처음 부분: 읽는 사람, 글 쓴 사람, 인사말, 감사의 표현 등을 써요.

2. 가운데 부분: 부탁하고 싶은 것과 부탁하는 까닭을 써요.
   좋은 해결 방법이 있으면 써요.

3. 끝부분: 끝인사, 쓴 날짜, 글 쓴 사람을 써요.

부탁하는 글은 편지글과 비슷하지요? 하지만 부탁하는 글은 가운데 부분에 부탁하고 싶은 것과 부탁하는 까닭을 써야 해요. 정중하고 설득력 있게 글을 쓴다면 글을 읽는 사람이 여러분의 부탁을 들어줄 거예요.

부모님이나 선생님께 부탁하고 싶은 것이 있으면 적어 보세요.

[처음 부분]

[가운데 부분]

[끝부분]

37 알리는 글쓰기 1

알리는 글이란 무엇인가요?

자기가 알고 있는 사실을 다른 사람에게 알려 주는 글이에요.

알리는 글은 어떻게 써야 하나요?

1. 내가 잘 아는 것을 써요.

   그래야 다른 사람에게 잘 설명할 수 있어요.
2. 쉽고 자세하게 써요.

   그래야 글을 읽고 사실을 정확하게 알 수 있어요.
3. 말하듯이 써요. 그래야 편안하고 자연스럽게 쓸 수 있어요.
4. 알리려고 하는 것의 생김새나 특징, 좋은 점 등을 써요.

   그래야 읽는 사람이 좋은 느낌을 받을 수 있어요.

알리는 글을 읽어 보세요.

[성탄절 행사를 알리는 글]

다음 주 성탄절 이브에 성탄 축하 행사가 있습니다. 성탄절은 예수님이 인간을 구원하시려고 인간의 몸으로 이 땅에 오신 것을 기념하는 날입니다. 그래서 교회마다 예수님의 탄생을 축하하는 행사를 준비합니다.

우리 교회도 유아들의 축하 인사와 율동, 유년부의 수화 찬양, 그리고 초등부의 뮤지컬 등 다양한 프로그램을 준비했습니다. 누구나 성탄절 행사에 참석하여 즐거운 교제를 나누기 바랍니다.

예수님을 모르는 사람에게 예수님이 어떤 분이신지 알리는 글을 써 보세요.

37 알리는 글쓰기 2

알리는 글이란 무엇인가요?

자기가 알고 있는 사실을 다른 사람에게 알려 주는 글이에요.

알리는 글은 어떻게 써야 하나요?

1. 내가 잘 아는 것을 써요.

   그래야 다른 사람에게 잘 설명할 수 있어요.
2. 쉽고 자세하게 써요.

   그래야 글을 읽고 사실을 정확하게 알 수 있어요.
3. 말하듯이 써요. 그래야 편안하고 자연스럽게 쓸 수 있어요.
4. 알리려고 하는 것의 생김새나 특징, 좋은 점 등을 써요.

   그래야 읽는 사람이 좋은 느낌을 받을 수 있어요.

알리는 글을 잘 쓰려면 어떻게 해야 하나요?

무엇이든지 꼼꼼하고 자세하게 살펴보는 습관이 필요해요.

책을 많이 읽으면 도움이 돼요.

알리는 글을 읽어 보세요.

우리 교회 주일학교 예배는 오후 1시에 드려요. 사회와 기도를 맡은 학생은 예배가 시작되기 10분 전에 기도로 준비해요. 예배는 찬양, 기도, 말씀 봉독, 설교, 헌금 순서대로 진행돼요. 찬양은 3학년 학생들이 담당하고 있어요. 설교는 전도사님이 하세요. 예배가 끝나면 반별로 분반 공부를 한 다음에 집으로 돌아가요. 우리 교회 주일학교 학생은 하나님께 진심으로 예배드려요.

우리 교회 주일학교 예배를 알리는 글을 써 보세요.

38 제안하는 글쓰기 1

제안하는 글쓰기란 무엇인가요?

생활하면서 불편한 점이나 좀 더 나은 방향으로 바꾸고 싶은 일이 있나요? 이런 일을 해결하기 위해 쓰는 글이 제안하는 글이에요.

제안하는 글은 어떻게 쓰나요?

1. 제목을 먼저 써요. 제목만 봐도 무슨 제안인지 알 수 있게 써야 해요.
   예를 들어 제목을 '예배'라고 하기보다는 '예배를 잘 드리는 방법'이라고 하는 것이 무슨 글인지 알기 쉬워요.
2. 무엇이 문제인지 써요.
3. 제안하는 까닭을 자세히 써요. 까닭을 두 개 이상 쓰면 좋아요.
4. 나의 제안을 써요. 더 좋은 결과를 얻도록 방법을 자세히 써요.
   '~하면 좋겠습니다.', '~하자'라는 말로 끝을 맺어요.

제안하는 글을 읽어 보세요.

[방석이 필요해요]

선생님께

선생님, 주일학교 예배실에 방석이 없어요. 방석이 없다 보니 예배드릴 때 무릎이 너무 아파요. 특히 설교 시간에는 계속 앉아 있어야 하는데 무릎이 아파서 설교에 집중하기 힘들어요. 그래서 주일학교 예배실에 방석을 놓아 주셨으면 좋겠습니다. 그럼 더 예배를 잘 드릴 수 있을 것 같아요. 부탁드립니다.

교회 선생님께 제안하는 글을 써 보세요.

1. 제목은 무엇인가요?

----

2. 문제가 무엇인가요?

----

3. 제안하는 까닭은 무엇인가요?

----

4. 나의 제안은 무엇인가요?

----

5. 위의 내용을 정리하여 교회 선생님께 제안하는 글을 써 보세요.

[제목] --

----

38 제안하는 글쓰기 2

제안하는 글쓰기란 무엇인가요?

생활하면서 불편한 점이나 좀 더 나은 방향으로 바꾸고 싶은 일이 있나요? 이런 일을 해결하기 위해 쓰는 글이 제안하는 글이에요.

제안하는 글은 어떻게 쓰나요?

1. 제목을 먼저 써요. 제목만 봐도 무슨 제안인지 알 수 있게 써야 해요.
   예를 들어 '전도'보다 '효과적인 전도 방법'이라고 써요.
2. 무엇이 문제인지 써요.
3. 제안하는 까닭을 자세히 써요. 까닭을 두 개 이상 쓰면 좋아요.
4. 나의 제안을 써요. 더 좋은 결과를 얻도록 방법을 자세히 써요.
   '~하면 좋겠습니다.', '~하자'라는 말로 끝을 맺어요.

제안하는 글을 읽어 보세요.

[효과적인 전도 방법]

우리 교회 주일학교는 토요일에 길거리 전도를 하고 있습니다. 물론 전도하느라 애쓰고 있지만, 길거리 전도는 큰 효과가 없습니다. 그래서 제가 제안하고 싶은 방법은 친구를 전도하는 것입니다. 한 달에 한 번씩 친구를 초청하는 날을 만듭니다. 교회에 처음 나오는 친구들은 어색함을 느낄 수 있으므로 토요일에 선생님들이 친구들을 미리 만났으면 좋겠습니다.

친구를 전도하자고 제안하는 까닭은 교회에 아는 사람이 있으면 빨리 적응할 수 있기 때문입니다. 그리고 교회에 오는 부담감도 덜 수 있습니다. 저의 제안대로 한다면 예수님을 믿는 아이들이 많아질 것입니다.

1. 제목은 무엇인가요?

----

2. 문제가 무엇인가요?

----

3. 제안하는 까닭은 무엇인가요?

----

4. 나의 제안은 무엇인가요?

----

5. 위의 내용을 정리하여 부모님께 제안하는 글을 써 보세요.

[제목]

건의하는 글쓰기1

건의하는 글이란?

어떤 문제에 자기 바람을 알리고 해결해 주기를 바라는 글이에요.

건의하는 글은 어떻게 쓰나요?

1. 편지글과 비슷해요. 먼저 받는 사람을 씁니다.

2. 불편하게 느꼈던 점과 그 까닭을 씁니다.

3. 어떻게 해결하면 좋을지 내 의견을 씁니다.

4. 건의하는 사람의 이름을 씁니다.

건의하는 글을 쓸 때 주의할 점은 무엇인가요?

1. 상대방에 알맞은 말투와 태도를 생각하고 글을 써야 합니다.

2. 모두에게 이익이 되고, 상대방도 들어줄 만한 방법을 써야 합니다.

부탁하는 글을 읽어 보세요.

부장 선생님께

선생님, 안녕하세요? 저는 5학년 김다정이라고 합니다. 제가 부장 선생님께 이 글을 쓰는 까닭은 주일학교 학생들을 위해 예배실 입구에 신발장을 놓아 달라고 요청하기 위해서예요. 신발장이 없으니 입구에 신발이 너무 너저분하게 놓여 있어요. 그러다 보니 남의 신발을 밟기도 하고 신발을 잃어버리기도 해요. 입구에 신발을 보관할 수 있는 조그만 신발장을 놓아 주시면 신발도 잘 정리되고 보기에도 깔끔할 것 같습니다.

선생님, 꼭 신발장을 놓아 주시길 부탁드립니다. 그럼 이만 줄일게요.

김다정 올림

건의하는 글을 써 보세요.

1. 교회에서 불편한 점은 무엇인가요?

   ---

2. 불편한 까닭은 무엇인가요?

   ---

3. 어떻게 하면 그 문제를 해결할 수 있을까요?

   ---

4. 누구에게 건의할 건가요?

   ---

5. 위의 내용을 정리해서 건의하는 글을 써 보세요.

   ---

39 건의하는 글쓰기 2

건의하는 글을 쓸 때 주의할 점은 무엇인가요?

1. 받는 사람, 문제점, 해결 방법이 꼭 들어가야 해요.
2. 그것이 왜 문제인지 이해할 수 있도록 까닭을 적어야 해요.
3. 해결 방법은 실제로 할 수 있는 것이어야 해요.
4. 문제를 해결했을 때 어떤 점이 좋은지 쓰면 좋아요.
5. 받는 사람이 건의 내용을 이해하고 들어 줄 수 있도록 써야 해요.

어떻게 하면 문제점을 잘 찾을 수 있나요?

1. 우리 주변에서 일어나는 일에 호기심을 갖는 습관이 필요해요.
2. 그것이 왜 문제인지, 더 좋은 방법은 없는지 생각하는 습관도 필요해요.

건의하는 글을 읽어 보세요.

담임 선생님께

선생님 저 정우예요. 선생님께 건의할 말이 있어서 글을 쓰게 되었어요. 다름 아니라 우리 반 아이 중 몇 명이 욕을 자주 그리고 심하게 한다는 거예요. 그런 욕을 들으면 너무 자존심이 상하고 화가 나요. 그렇다고 같이 욕을 할 수도 없어서 스트레스를 받고 있어요.

선생님께서 욕을 잘하는 아이들을 따로 불러서 상담해 주세요. 그래도 계속 욕을 한다면 청소를 시키거나 체육 활동에서 제외하는 불이익을 주셨으면 해요. 그렇게 하면 그 아이들도 욕을 안 하게 되고 서로 배려하는 우리 반이 될 것 같아요. 꼭 부탁드리겠습니다.

정우 올림

건의하는 글을 써 보세요.

1. 여러분의 학교에서 불만인 점을 하나 써 보세요.

----

2. 그것이 불만인 까닭은 무엇인가요?

----

3. 어떻게 하면 그 문제를 해결할 수 있을까요?

----

4. 위의 내용을 정리해서 담임 선생님께 건의하는 글을 써 보세요.

----

40 불만을 털어놓는 글쓰기

불만이 있다면 어떻게 해야 하나요?

여러분은 학교에서, 집에서, 교회에서 생활할 때 만족스럽지 못한 일을 경험한 적이 있나요? 불만이 생길 때 어떻게 해결하나요? 살면서 불만이 없을 순 없겠지만 아무런 까닭 없이 불만을 말하고 다니는 행동은 바람직한 모습이 아니에요. 성경에서는 아무 까닭 없이 비판하지 말라고 했어요. 마태복음 7장 1절에 비판을 받지 않으려면 비판하지 말라. 너희가 비판하는 그 비판으로 너희가 비판을 받는다고 기록되어 있습니다.

하지만 무조건 불만을 마음속에만 간직하는 것도 옳은 일은 아닙니다.

불만을 털어놓는 글은 어떻게 쓰나요?

1. 내 불만이 무엇인지를 밝혀요.
2. 내 불만을 다른 사람이 들었을 때 이해할 수 있어야 해요.
3. 불만을 해결할 수 있는 방법을 찾아요.

불만을 털어놓는 글을 읽어 보세요.

교회에 예배드리러 갔다. 예배당에 들어가기 전에 목이 말라서 정수기가 있는 곳으로 갔다. 하지만 정수기 옆에 컵들이 너저분하게 놓여 있었다. 대체 누가 물을 먹고 컵을 이렇게 아무렇게나 놓은 것일까? 사용한 컵과 사용하지 않은 컵이 분리되지 않아 어떤 컵으로 물을 먹어야 할지 몰랐다. 결국 물을 마시지 못하고 예배당에 들어갔다.

예배 시간 내내 물을 먹지 못한 것이 속상했다. 왜 자기들만 생각하고 남은 배려하지 않는 걸까? 교회에서 물을 마실 때마다 스트레스를 받는다. 아무래도 선생님께 건의해서 다시는 이런 일이 일어나지 않도록 해야겠다.

1. 학교에서, 집에서, 교회에서 여러분이 느끼는 불만을 한 가지만 써 보세요.

----

2. 그것이 왜 불만인지 다른 사람도 인정할 만한 까닭을 써 보세요.

----

3. 혹시 여러분의 불만을 해결할 좋은 방법이 있으면 써 보세요.

----

4. 불만을 해결해 줄 만한 사람이 누구인가요?

----

5. 여러분의 불만을 일기 형식으로 솔직하게 써 보세요.

----

41 요청하는 글쓰기

요청하는 글이란 무엇인가요?

해 줄 능력이 있는 사람에게 필요한 것을 글로써 요청하는 거예요.

요청하는 글은 어떻게 써야 하나요?

1. 요청하는 사람이 누구인지, 요청하는 내용이 무엇인지 자세히 써요.

2. 요청하는 까닭을 쓰고 언제까지 해 달라고 요청해요.

3. 상대방에게 예의를 갖추어 써야 해요.

요청하는 것을 먼저 표로 작성해 보세요.

요청하는 사람	주일학교 5학년 정동수
요청받는 사람	주일학교 부장 선생님
요청하는 내용	새 친구들이 이용하도록 예배당 안에 성경을 놓아둘 것
요청하는 까닭	새 친구가 예배드리러 왔을 때 성경이 없으면 예배드리기 불편해서
기한	2022년 3월 말까지

아래 요청하는 글을 읽어 보세요.

안녕하세요? 부장 선생님.

저는 주일학교 5학년 정동수입니다. 항상 우리를 말씀으로 잘 양육해 주시는 선생님께 감사드립니다. 다름이 아니라 선생님께 부탁드릴 게 있어요. 우리 교회에 처음 오는 친구들이 예배를 잘 드리도록 누구나 사용할 수 있는 성경을 준비해 주셨으면 해요. 왜냐하면 새로운 친구들은 대부분 성경을 준비하지 못해 예배드리기가 불편하거든요. 3월 말까지 성경을 준비해 주시면 고맙겠습니다. 항상 우리를 위해 기도하시는 선생님께 감사드려요.

요청하는 글을 써 보세요.

1. 여러분이 교회, 학교 혹은 가정에서 요청할 것이 있는지 생각해 보세요.

----

2. 요청하는 것을 표로 작성해 보세요.

요청하는 사람	
요청받는 사람	
요청하는 내용	
요청하는 까닭	
기한	

3. 위 표를 참고하여 요청하는 글을 써 보세요.

상담하는 글쓰기

상담이란 무엇인가요?

상당한 지식과 경험이 있는 사람에게 문제를 해결해 달라고 요청하는 거예요.

상담하는 글 쓰는 요령

1. 내가 누구인지 밝혀요.

2. 고민이 무엇이며, 고민이 생기게 된 까닭을 적어요.

3. 그 고민이 어떻게 해결되길 바라는지 솔직하게 밝혀요.

4. 받는 사람에게 예의를 갖춰 써요.

상담하는 글을 읽어 보세요.

안녕하세요? 상담사님.

저는 초등학교 5학년 김아름이라고 해요. 제가 상담사님에게 편지를 쓴 까닭은 저의 고민을 말하고 고민을 해결하기 위해서예요.

제 고민은 제 짝꿍이 저를 자꾸 귀찮게 하고, 놀리며, 화나면 욕을 한다는 거예요. 언젠가 제가 가만히 공부하고 있는데 연필로 제 허벅지를 찔렀어요. 또 제 이름으로 놀리기도 해요. 제가 화를 내면 욕까지 해요.

저는 정말 제 짝꿍이 싫어요. 짝꿍이 바뀌거나 반이 바뀌었으면 좋겠어요. 이럴 땐 어떻게 해야 하나요? 상담사님의 좋은 의견 기다릴게요.

친구가 괴롭힐 때는 어떻게 해야 하나요?

친구가 괴롭히거나, 때릴 때 적극적으로 대응해야 해요. 일단 친구에게 하지 말라고 분명하게 말해요. 그래도 변화가 없으면 선생님이나 부모님께 말씀드려요. 하나님은 여러분이 당당하고 행복하게 자라길 바라세요.

1.   여러분의 고민이 무엇인가요?

2.   고민이 생긴 까닭은 무엇인가요?

3.   고민이 어떻게 해결되기를 바라나요?

4.   누구에게 상담을 요청하고 싶으세요?

5.   위의 내용을 정리해서 상담하는 글을 써 보세요.

43 소개하는 글쓰기

소개하는 글쓰기란 무엇인가요?

어떤 대상이나 인물에 관해서 새로 알게 된 것, 재미있게 들었던 것, 상대가 모르는 것 등을 알기 쉽게 설명하는 글이에요.

소개하는 글은 어떻게 쓰나요?

1. 글을 쓰기 전에 누구에게 쓸지, 무엇을 소개할지 생각해요.
2. 읽는 사람이 궁금해 할 것 같은 내용을 자세히 써요.
3. 여러 내용 중에서 중요한 것을 골라 자세히 써요.

소개하는 글은 어떤 순서대로 쓰나요?

1. 소개하고 싶은 것(사람)은 무엇(누구)인가요?
2. 소개하고 싶은 까닭은 무엇인가요?
3. 소개할 내용은 무엇인가요?

소개하는 글을 읽어 보세요.

[인간의 조상 아담]

나는 하나님이 만드신 첫 번째 인간인 아담을 소개하려고 합니다. 내가 아담을 소개하려는 까닭은 어떻게 해서 인간이 하나님과 멀어지게 되었는지 그 원인을 알려 주기 위해서입니다. 하나님은 아담에게 생육하고 번성하여 땅 위의 모든 것을 정복하라고 하셨습니다. 하지만 아담은 하나님이 먹지 말라고 명령하신 선악과를 먹었습니다. 아담은 하나님께 불순종하여 에덴동산에서 쫓겨났고, 아담의 후손인 인간은 모두 죄인이 되어 하나님과 멀어졌습니다.

1. 예수님을 소개하고 싶은 까닭은 무엇인가요?

---

2. 예수님을 소개할 내용은 무엇인가요?

(1) _____
_____

(2) _____
_____

(3) _____
_____

3. 위의 내용을 정리해서 소개하는 글을 써 보세요.

---

44 취미를 소개하는 글쓰기

취미란 무엇인가요?

취미란 재미있고 좋아서 즐겨 하는 일을 말해요.

소개하는 글은 어떻게 쓰나요?

1. 읽는 사람이 이해하기 쉽게 써야 해요.

2. 소개하고자 하는 것이 어떤 특징이 있고 어떤 점이 좋은지 써요.

3. 소개하는 것에 관해 자기 생각을 쓰면 좋아요.

취미를 소개하는 글은 어떤 순서로 쓰나요?

1. 내 취미가 무엇인지 써요.

2. 내 취미의 특징과 좋은 점을 써요.

3. 취미에 관해 내 생각이나 다른 사람에게 권하고 싶은 말을 써요.

취미를 소개하는 글을 읽어 보세요.

내 취미는 탁구예요. 탁구는 탁구채로 공을 서로 상대편에 보내는데 상대편이 받지 못하면 이기는 경기예요. 나는 아빠랑 주일마다 교회에서 탁구를 해요. 우리 교회 지하에 탁구장이 있거든요.

탁구를 하다 보면 몸이 날렵해지고 가벼워지는 느낌이에요. 내 친구들도 탁구를 많이 배웠으면 좋겠어요. 그래서 교회에서 주일마다 다 함께 탁구를 했으면 좋겠어요.

1. 내 취미는 무엇인가요?

-----

2. 내 취미를 설명해 보세요.

-----

3. 내 취미는 어떤 좋은 점이 있나요?

-----

4. 위의 내용을 정리해서 취미를 소개하는 글을 써 보세요.

-----

45 요리를 소개하는 글쓰기

요리를 소개하는 글은 어떻게 쓰나요?

1. 소개하고자 하는 요리가 무엇인지 밝혀요.

2. 요리의 맛과 모양, 영양가 등 요리의 특징을 알려 줘요.

3. 요리에 필요한 재료를 모두 적어요.

4. 요리를 만드는 방법을 알기 쉽게 순서대로 적어요.

5. 나만의 비법이 있으면 알려 줘요.

요리를 소개하는 글을 읽고 물음에 답해 보세요.

[소시지볶음]

소시지볶음은 아이들이 좋아하는 음식이다. 소시지를 케첩이나 간장으로 볶으면 토마토 향에 짭조름한 맛이 더해진다. 채소와 같이 볶으면 고기의 소화를 도와준다. 소시지볶음에 들어가는 재료는 소시지, 케첩, 간장, 버섯, 양파, 파프리카가 있다.

만드는 방법은 먼저 프라이팬에 식용유를 두르고 버섯, 양파, 파프리카를 넣어서 볶는다. 채소가 어느 정도 익어 가면 소시지를 넣고 다시 볶는다. 소시지가 익으면 케첩 한 숟가락과 간장 반 숟가락을 넣고 약 30초 정도 골고루 섞어 주면 소시지볶음이 완성된다.

나는 요리를 시작하기 전에 소시지를 따뜻한 물에 5분 정도 담가 두어 화학 첨가물을 제거한다. 소시지볶음은 간편하게 만들 수 있는 음식이다.

1. 소시지볶음에 들어가는 재료를 적어 보세요.

2. 나만의 비법은 무엇인가요?

1. 소개하고자 하는 요리는 무엇인가요?

   ----

2. 그 요리의 맛과 모양은 어떠한가요?

   ----

3. 요리에 들어가는 재료는 무엇인가요?

   ----

4. 요리를 만드는 방법을 알기 쉽게 적어 보세요.

   ----

5. 나만의 비법은 무엇인가요?

   ----

6. 위의 내용을 정리하여 요리를 소개하는 글을 써 보세요.

   ----

46 자랑거리를 소개하는 글쓰기

자랑거리를 소개하는 글은 어떻게 쓰나요?

1. 소개할 대상이 잘 드러나도록 자세하게 써요.
2. 소개하려는 대상의 특징과 장점을 알기 쉽게 써요.
3. 자랑거리에 대한 소개, 글을 쓰는 목적, 자랑거리로 뽑은 까닭, 자랑거리에 관한 내 생각과 느낌 순으로 써요.

자랑거리를 소개하는 글을 읽고 물음에 답해 보세요.

[우리 교회의 자랑거리]

우리 교회 이름은 ○○교회예요. 우리 교회를 자랑하려고 하는 까닭은 우리 교회를 알리고 많은 사람이 우리 교회에 왔으면 하는 바람 때문이에요. 우리 교회의 자랑거리로는 예배 후에 모두 같이 식사를 나눈다는 점과 예배드릴 때 진심으로 찬양을 한다는 거예요.

우리 교회는 점심을 먹으면서, 일주일 동안 있었던 이야기를 나누며 행복한 시간을 보내요. 그리고 찬양할 때 온 맘으로 하나님께 찬양함으로써 하나님을 기쁘시게 해요. 나는 예수님을 믿지 않는 사람들이 우리 교회에 많이 와서 서로 교제하며 형제와 자매처럼 친하게 지냈으면 좋겠어요.

1. 무엇을 소개했나요?

2. 글을 쓴 목적은 무엇인가요?

1. 무엇을 자랑거리를 소개하고 싶은가요?

----

2. 자랑거리를 누구에게 소개하고 싶은가요?

----

3. 자랑거리로 소개하고 싶은 까닭은 무엇인가요?

----

4. 자랑거리를 자세히 설명해 보세요.

----

5. 위의 내용을 정리해서 자랑거리를 소개하는 글을 써 보세요.

----

47 새해를 계획하는 글쓰기

올해 목표를 어떻게 세워야 하나요?

1. 목표는 내가 정말 해낼 수 있는 일이어야 해요.

2. 내가 할 수 있는 목표보다 조금 높게 목표를 세워요.

3. 왜 그것을 목표로 세웠는지, 언제까지 어떻게 목표를 이룰 것인지 자세하게 써요.

새해를 계획하는 글을 읽어 보세요.

나는 새해를 맞아 매월 책을 네 권씩 읽을 것이다. 작년에는 한 달에 한 권 정도밖에 읽지 못했다. 내가 독서를 새해 목표로 세운 까닭은 학교에서 얻을 수 없는 지식을 많이 얻을 수 있기 때문이다.

위인들의 공통점은 바로 책을 많이 읽었다는 점이다. 링컨 대통령은 학교를 제대로 다니지 못했지만, 책에서 지식을 얻어 존경받는 사람이 되었다. 그래서 나도 책을 많이 읽고 나중에 훌륭한 사람이 되고 싶다.

책을 한 달에 네 권씩 읽으려면 책을 사는 데 많은 돈이 필요하다. 그래서 나는 도서관에서 매주 한 권씩 빌릴 계획이다. 나는 여러 분야의 책을 읽을 것이다. 위인전, 소설, 과학 도서, 역사 등 여러 분야의 책을 읽어 지식을 넓히려고 한다.

이 목표를 이룬 후 일 년 후에 지식이 풍성해진 내 모습을 생각하니 마음이 설렌다.

새해를 계획하는 글을 써 보세요.

1. 여러분의 새해 목표가 무엇인가요?

2. 언제까지 어떤 방법으로 목표를 이룰 것인가요?

3. 목표를 이루면 어떤 점이 좋은가요?

4. 위의 내용을 정리하여 새해를 계획하는 글을 써 보세요.

48 미래를 계획하는 글쓰기

계획이란 무엇인가요?

앞으로 할 일을 어떤 순서로 어떻게 할지 미리 생각하는 것을 말해요.

계획을 세우면 어떤 점이 좋은가요?

1. 시간을 낭비하지 않고 일을 빠르고 쉽게 할 수 있어요.

2. 목표를 이룰 가능성이 커요.

계획하는 글은 어떻게 쓰나요?

1. 목표가 무엇인지 먼저 밝혀요.

2. 목표를 정한 까닭을 써요.

3. 목표를 위해 무엇이 필요한지 알아봐요.

4. 단계마다 내가 무엇을 할지 자세하게 써요.

5. 목표를 이루었을 때 나의 모습을 상상해 봐요.

계획하는 글을 읽어 보세요.

[목표: 한국어 선생님이 되어 선교하는 것]

내 목표는 한국어 선생님이에요. 한국어 선생님을 목표로 정한 까닭은 다른 나라에 가서 한국어도 가르치고 학생들에게 복음도 전하기 위해서예요. 그러려면 한국어 공부도 많이 해야 하고 책도 많이 읽어야 해요. 그리고 외국어도 잘하면 도움이 돼요. 나는 목표를 이루기 위해 일 년에 책을 50권 이상 읽을 거예요. 그리고 매일 영어 단어도 10개씩 암송할 거예요. 미래에 한국어를 가르치면서 복음을 전하는 모습을 상상하니 마음이 뿌듯해요.

1. 내 목표는 무엇인가요?

---

2. 그것을 목표로 정한 까닭은 무엇인가요?

---

3. 목표를 달성하려면 무엇이 필요한가요?

---

4. 목표를 달성하기 위해 어떤 노력을 할 건가요?

---

5. 목표를 달성한 후의 나의 모습은 어떨까요?

---

6. 위의 내용을 정리하여 미래를 계획하는 글을 써 보세요.

---

49 선언하는 글쓰기

선언하는 글이란 무엇인가요?

자기 결심이나 다짐을 다른 사람들에게 알리는 글이에요.

선언하는 글은 어떻게 쓰나요?

1. 선언하는 까닭과 무엇을 선언할 것인지 써요.
2. 선언하는 내용을 분명하고 자세하게 써요.
3. 끊어 읽기 쉽도록 문장을 짧게 써요.
4. 정중한 표현을 써요.
5. 재미있게 쓰려고 하면 안 돼요. 진지하게 써야 해요.

선언하는 글을 읽어 보세요.

[부지런한 학생이 되기 위한 선언문]

나는 게으른 학생입니다. 항상 늦게 일어나서 밥도 제대로 먹지 못하고 학교에 갑니다. 학교 숙제도 제때 하지 못합니다. 그래서 성적도 좋지 못해 항상 부모님께 꾸지람만 받습니다. 하나님을 믿는 사람으로서 다른 사람의 본이 되지 못합니다. 그래서 앞으로 부지런한 학생이 되겠다고 다짐하며 다음과 같이 선언합니다.

1. 아침 7시 전에 일어난다.
2. 아침에 일어나서 기도하고 성경 말씀을 읽은 후 식사한다.
3. 학교에 갔다 오면 숙제부터 한다.
4. 아침에 일찍 일어나기 위해 밤 10시 전에 잔다.

1. 나의 예배 태도 중 고칠 점이 있으면 써 보세요.

    1) _____

    _____

    2) _____

    _____

    3) _____

    _____

2. 앞으로 어떤 태도로 예배를 드릴 것인지 써 보세요.

    1) _____

    _____

    2) _____

    _____

    3) _____

    _____

3. 위의 내용을 정리하여 선언하는 글을 써 보세요.

    _____

    _____

    _____

    _____

    _____

    _____

50 추천하는 글쓰기

추천하는 글이란 무엇인가요?

어떤 일에 적합한 사람을 소개하는 글이에요. 내가 추천하는 사람이 그 일에 적합하다는 점을 잘 설명해 주고 상대방을 설득시키는 글이에요.

추천하는 글은 어떻게 쓰나요?

1. 추천하고 싶은 사람이 누구인지 간단히 소개해요.

   (이름, 나이, 사는 곳, 가족 관계, 직업 등)
2. 추천하고 싶은 사람의 성격, 취미, 특기, 한 일 등을 솔직히 적어요.
3. 추천하는 까닭과 본받을 만한 행동을 같이 적어요.
4. 간단히 정리하고 추천하는 사람의 좋은 점을 다시 한번 강조해요.

추천하는 글을 읽어 보세요.

이번에 주일학교 회장 후보로서 저는 김가현 언니를 추천합니다. 김가현 언니는 현재 초등학교 5학년으로 교회 근처에 살고 있으며 부모님 모두 예수님을 믿고 있습니다. 언니는 성격이 쾌활하고 운동도 잘합니다. 취미가 독서라서 다방면에 지식이 뛰어납니다.

제가 가현이 언니를 추천하는 까닭은 가현이 언니가 성실하기 때문입니다. 가현이 언니는 주일 예배에 결석한 적이 없습니다. 그리고 매일 성경을 읽고 기도하는 습관이 있습니다. 또한 가현이 언니는 남을 배려합니다. 예배가 시작하기 전에 방석을 깔아 주고, 율동을 모르는 동생들에게 직접 율동도 가르쳐 줍니다.

이렇게 성실하고 남을 잘 배려하는 가현이 언니가 주일학교 회장을 맡게 된다면 주일학교는 반드시 성장한다고 확신합니다.

1. 추천하고 싶은 친구가 누구인지 간단히 소개해요.

    (이름, 학년, 사는 곳 등)

    _____

    _____

2. 추천하고 싶은 친구의 성격, 취미, 특기 등을 솔직히 적어 보세요.

    _____

    _____

3. 추천하는 까닭과 본받을 만한 행동을 적어 보세요.

    _____

    _____

4. 간단히 정리하고 추천하고 싶은 친구의 좋은 점을 다시 한번 강조해요.

    _____

    _____

    _____

    _____

51 기행문 쓰기

기행문이란 무엇인가요?

여행하며 보고, 듣고, 겪은 일과 자기 생각이나 느낌을 적은 글이에요.

기행문은 어떻게 쓰나요?

1. 처음: 여행의 목적, 여행지의 간단한 소개, 출발할 때 모습 등을 써요.
2. 가운데: 여행한 순서에 따라 보고 들었던 것 중 가장 인상 깊었던 것, 새로 알게 된 것, 즐거웠던 것들을 써요.
3. 끝: 여행에서 얻은 것, 아쉬운 점, 앞으로의 계획, 다짐 등을 써요.

기행문을 읽어 보세요.

[이스라엘 여행을 다녀와서]

나는 부모님 그리고 교회 집사님들과 이스라엘 여러 지역을 여행했다. 부모님은 나에게 예수님의 흔적을 직접 체험하고 당시 시대 상황을 잘 이해하기 위해 여행한다고 말씀하셨다. 나는 이번 여행 중에 '감람산 승천교회'가 가장 인상 깊었다. 그곳은 예수님께서 제자들이 보는 앞에서 하늘로 올라가신 자리에 세워진 교회인데 마치 내 앞에 예수님이 계신 것만 같았다. 나는 시내산을 여행할 때가 가장 즐거웠다. 산을 오르면서 가이드가 모세의 이야기를 해 주었는데 재미있게 듣다 보니 어느덧 정상에 올랐다. 이곳에서 모세가 하나님을 만나 십계명을 받았던 모습을 상상하니 저절로 경건해지는 것 같았다.

난 성지 순례를 통해 하나님의 아들이신 예수님이 우리 죄 때문에 당하신 고난을 다시 한번 생각하게 되었다.

1. 여행지를 간단히 소개해 보세요.

----

2. 여행의 목적은 무엇인가요?

----

3. 가장 인상 깊은 장소는 어디였으며, 그 까닭은 무엇인가요?

----

4. 가장 즐거웠던 장소는 어디였으며, 그 까닭은 무엇인가요?

----

5. 여행하고 난 후에 무엇을 느꼈나요?

----

6. 위의 내용을 정리해서 여행한 순서대로 기행문을 써 보세요.

----

52 인물을 평가하는 글쓰기

위인전은 어떤 글인가요?

1. 위인의 업적과 흥미로운 일 등을 사실 그대로 적어 놓은 글이에요.
2. 위인전 속에 등장하는 인물 모두 실제 인물이에요.
3. 사건과 장소 또한 실제로 일어났던 곳이에요.

인물을 평가하는 글은 어떻게 쓰나요?

1. 인물을 간단히 소개해요.
2. 인물의 일생과 한 일을 요약해요.
3. 인물의 좋은 점 또는 나쁜 점을 까닭을 들어 평가해요.

인물을 평가하는 글을 읽어 보세요.

[인물 소개]

세종대왕은 조선의 네 번째 왕이었다. 세종대왕은 나라를 다스리는 동안 조선의 기틀을 다지고 문화를 발전시켰다.

[인물의 일생과 한 일]

세종대왕은 태종의 셋째 아들로 태어났지만 총명하고 인자하여 왕의 자리에 오를 수 있었다. 그는 백성들을 사랑하여 한글을 만들었다. 그리고 많은 과학 기구를 만들어 조선의 문화를 발전시켰다. 또한 왜구를 무찌르고 여진족을 쫓아내 영토를 넓혔다.

[인물 평가]

세종대왕이 지혜롭게 나라를 잘 다스린 덕분에 나라가 평안하였고 발전할 수 있었다. 우리가 쉬운 한글을 사용할 수 있게 된 것도 세종대왕 덕분이다.

136

1. 가장 존경하는 인물은 누구인가요?

----

2. 인물을 소개해 보세요.

----

3. 인물의 일생과 한 일을 써 보세요.

----

4. 인물을 평가해 보세요.

----

53 전기문 쓰기

전기문이란 무엇인가요?

세종대왕이나 이순신 장군에 관하여 쓴 글을 읽어 본 적이 있나요?

전기문은 어떤 사람의 삶과 업적, 말 등을 사실대로 기록한 글이에요.

전기문은 어떤 특징이 있나요?

1. 전기문은 사실대로 써야 해요.

   지어낸 이야기는 전기문이 아니고 소설이에요.

2. 전기문은 읽는 사람에게 감동과 교훈을 줘요.

3. 전기문도 시나 소설처럼 하나의 문학 작품이에요.

전기문은 어떻게 쓰나요?

1. 인물이 들어가야 해요.

   인물이 태어나고 자라고 죽은 과정과 인물의 성품을 써요.

2. 사건이 들어가야 해요.

   인물이 무슨 일을 했고 어떤 업적을 이루었는지 써요.

3. 배경이 들어가야 해요.

   배경이란, 인물이 살았던 때와 장소 등을 말해요.

4. 인물에 관한 생각과 느낌이 들어갈 수도 있어요.

전기문은 누가 쓰나요?

전기문은 자기가 쓸 수도 있고 남이 쓸 수도 있어요.

1. 자서전: 자기 삶을 자기가 직접 쓴 글이에요.

2. 전기문: 어떤 사람의 삶을 다른 사람이 쓴 글이에요.

1. 전기문과 소설의 차이점을 설명해 보세요.

   ----

2. 자서전과 전기문의 차이점을 설명해 보세요.

   ----

3. 사건과 배경을 설명해 보세요.

예수님의 생애를 전기문으로 써 보세요.

----

54 기사문 쓰기

기사문이란 무엇인가요?

알릴 만한 사건이나 사실을 신문, 뉴스 등을 통해 신속하고 정확하게 전달하기 위해 쓴 글이에요.

육하원칙이란 무엇인가요?

'누가, 언제, 어디서, 무엇을, 어떻게, 왜' 이렇게 6가지를 말해요.

기사문은 어떻게 쓰나요?

1. 표제: 기사문의 제목을 말해요. 기사 전체를 한눈에 파악할 수 있도록 핵심을 잡아서 써요.

2. 전문: 본문에서 중요한 내용만 간추려 요약한 부분이에요. 육하원칙에 맞게 써요.

3. 본문: 전문의 내용을 자세하게 풀어 써요.

4. 해설: 기사에 관해 참고 사항이나 추가로 알리는 내용을 써요.

기사문을 읽어 보세요.

[표제: 물고기 두 마리와 빵 다섯 개로 오천 명을 먹여]

[전문] 예수님이 갈릴리 바다 건너편에서 설교를 듣는 사람들을 불쌍히 여겨 물고기 두 마리와 빵 다섯 개로 오천 명을 먹이셨다.

[본문] 예수님이 갈릴리 바다 건너편으로 가실 때 예수님의 기적을 본 많은 무리가 따라왔다. 예수님은 그들의 모습을 보시고 불쌍히 여기셨다. 그때 베드로가 한 아이가 가지고 온 물고기 두 마리와 빵 다섯 개를…. (생략)

[해설] 예수님은 하나님의 아들이시므로 이런 기적이 가능한 것이다.

1. 아래 성경 구절은 예수님이 물로 포도주를 만드신 기적에 관한 것입니다.

갈릴리 가나에 결혼 잔치가 있었다. 예수님과 제자들도 초대를 받아 가셨는데 마침 포도주가 떨어졌다. 거기에 돌 항아리 여섯 개가 놓여 있었다. 예수님이 하인들에게 항아리에 물을 채우라고 명령하셨다. 그들이 항아리에 물을 가득 붓자 예수님은 떠서 잔치에 참석한 손님들에게 갖다주라고 하셨다. 손님들이 물로 된 포도주를 맛보고 너무 맛있다고 감탄하였다. 이것은 예수님이 행하신 첫 번째 기적이다. 예수님의 기적을 본 제자들이 예수님이 하나님의 아들이라는 사실을 믿었다.

2. 위 성경 구절을 읽고 기사문을 작성해 보세요.

[표제]

[전문]

[본문]

[해설]

55 감상문 쓰기

이야기 속에 감동적인 부분을 어떻게 찾나요?

1. 이야기 속 인물이 되어 인물의 마음을 헤아려 봐요.

2. 인물의 말과 행동을 살펴보아요.

3. 자기 경험을 떠올려 보아요.

이야기의 감동을 떠올리며 감상문을 써 보세요.

1. 이야기에서 감동적인 장면과 그렇게 생각한 까닭을 정리해 봐요.

2. 감동적인 장면에 관해 내 생각이나 느낌을 정리해 봐요.

3. 정리한 내용을 바탕으로 내가 쓰고 싶은 형식으로 감상문을 써요.

'요셉 이야기'를 읽어 보세요.

요셉은 야곱의 사랑을 받았어요. 그리고 요셉은 꿈을 잘 풀이하는 능력이 있었어요. 물론 이 능력은 하나님께서 주셨죠. 야곱이 요셉을 사랑하자 형들이 요셉을 시기하여 이집트의 노예로 팔아 버렸어요. 그러나 요셉은 용기를 잃지 않고 열심히 일했어요.

하지만 요셉은 억울한 누명을 쓰고 감옥에 가게 되었어요. 그곳에서 왕의 신하들의 꿈을 풀이해 주었어요. 어느 날 이집트 왕이 무서운 꿈을 꾸었어요. 아무도 그 꿈을 해석할 수가 없었어요. 요셉과 함께 감옥에 갇혔던 왕의 신하가 요셉을 기억하고 왕에게 요셉이 꿈을 해석할 수 있다고 말했어요. 요셉은 이집트 왕 앞에서 꿈을 풀이해 주었어요. 이집트 왕이 꾼 꿈은 7년간 풍년이 든 후에 7년간 다시 흉년이 드는 꿈이었어요.

이집트 왕은 요셉에게 총리 자리를 주고 다가올 흉년을 준비하게 했어요.

1. 요셉의 마음이 사건에 따라 어떻게 변했을지 써 보세요.

   1) 아버지의 사랑을 받을 때

   ----

   2) 이집트로 팔려 갈 때

   ----

   3) 이집트 총리가 되었을 때

   ----

2. 요셉 이야기에서 감동적인 장면과 그 까닭을 써 보세요.

   ----

3. 요셉 이야기를 읽고 생각이나 느낌을 정리해서 감상문을 써 보세요.

56

음악 감상문 쓰기

음악 감상문이란 무엇인가요?

1. 음악을 듣고 자신의 느낌이나 생각을 적은 감상문이에요.

2. 정해진 형식이 있지 않아요. 내가 느낀 점을 자유롭게 쓰면 돼요.

음악은 어떻게 감상하나요?

1. 음악을 만든 배경(시대, 장소, 음악을 만든 까닭)을 알아봅니다.

2. 음악의 분위기와 가사에 담긴 뜻을 생각하며 듣습니다.

3. 머릿속에 떠오르는 느낌을 적으면서 듣습니다.

음악 감상문은 어떻게 쓰나요?

1. 음악의 전체적인 분위기와 느낌을 써요.

2. 음악이 만들어진 배경(시대, 장소, 음악을 만든 까닭)을 써요.

3. 연주에 쓰인 악기 등을 소개해요.

음악 감상문을 읽어 보세요.

'나 같은 죄인 살리신'은 존 뉴턴이 가사를 썼다. 뉴턴은 노예를 사고파는 일을 했었다. 어느 날 풍랑을 만났으나 하나님께 기도하자 풍랑이 멈추었다. 뉴턴은 노예를 사고팔았던 죄를 회개하였고 자신의 죄를 용서해 준 하나님께 감사를 드렸다.

이 곡은 백파이프 오르간으로 연주된다. 백파이프 오르간은 자루에 바람을 넣고 그 바람이 관을 통과하게 하여 소리를 내는 악기이다. 음이 중단되지 않고 이어져서 독특한 분위기를 만들어 냈다. 나는 이 곡을 들으며 죄인이었던 나를 구원해 주신 하나님의 크신 사랑을 느낄 수 있었다.

1. 유튜브에서 '당신은 사랑받기 위해 태어난 사람'을 들어 보세요.

(1) 노래를 만든 까닭이 무엇이라고 생각하나요?

_____

_____

(2) 어떤 악기로 연주했으며 악기 소리는 어떻게 들리나요?

_____

_____

(3) 음악을 감상한 후 어떤 느낌을 받았나요?

_____

_____

2. 위의 내용을 참고하여 음악 감상문을 써 보세요.

_____

_____

_____

_____

_____

_____

145

57

독서 감상문 쓰기

독서 감상문이란 무엇인가요?

책을 읽고 자기 생각이나 느낌을 솔직하게 쓴 글이에요.

독서 감상문은 어떻게 쓰나요?

1. 어떻게 해서 책을 읽게 되었는지를 써요.

2. 책 내용을 요약해요.

3. 기억에 남는 장면을 쓰고 왜 기억에 남는지 그 까닭을 쓰면 좋아요.

4. 책을 읽고 난 후 자기 생각이나 느낌을 써요.

독서 감상문을 쓰면 어떤 점이 좋은가요?

1. 읽은 글을 다시 한번 생각할 수 있어요.

2. 책 내용을 오래 기억할 수 있어요.

3. 책을 읽었을 때의 생각이나 느낌을 떠올릴 수 있어요.

독서 감상문을 쓰는 방법에는 어떤 것들이 있나요?

1. 일기처럼 쓰기: 자기 경험을 생각하며 자연스럽게 써요.

2. 편지처럼 쓰기: 생각이나 느낌을 다른 사람에게 말하듯이 써요.

3. 시처럼 쓰기: 생각이나 느낌을 재미있고 간단한 말로 표현해요.

4. 만화처럼 쓰기: 기억에 남는 장면을 재미있게 나타내요.

5. 광고처럼 쓰기: 책 내용에서 좋은 점이나 특징을 강조해요.

독서 감상문을 써 보세요.

1. 읽은 책 중에 독서 감상문을 쓸 책의 이름을 적어 보세요.

2. 어떻게 해서 책을 읽게 되었나요?

3. 책 내용을 요약해 보세요.

4. 가장 기억에 남는 장면은 무엇인가요?

5. 왜 그 장면이 기억에 남나요?

6. 책을 읽고 난 뒤에 어떤 생각이나 느낌이 들었나요?

7. 독서 감상문을 써 보니 어떤 점이 좋은가요?

58 광고문 쓰기 1

광고문이란 무엇인가요?

여러분은 텔레비전이나 인터넷에서 과자나 아이스크림을 알리는 모습을 봤나요? 이것을 광고라고 해요.

광고는 상품을 텔레비전이나 인터넷 등 여러 가지 방법으로 물건을 살 사람에게 알리는 활동을 말해요.

광고문은 상품을 알리기 위해 쓴 글을 말해요.

광고문을 쓰는 까닭은 무엇인가요?

1. 상업 광고문은 제품이 우수하다는 사실을 알리기 위해서 써요.

   사람들이 물건을 많이 사도록 만들려는 거예요.

2. 공익 광고문은 사람들이 바람직한 행동을 하도록 설득하려고 써요.

광고문을 어떻게 읽어야 할까요?

1. 꼼꼼하게 읽어야 해요.

2. 광고문을 그대로 믿으면 안 돼요.

   광고는 물건을 팔기 위해 쓰는 글이므로 좋은 점만 쓰기 때문이에요.

3. 사실인지 아닌지 광고문을 잘 살펴봐야 해요.

공익 광고란 무엇인가요?

나라와 국민 전체의 이익을 위해 하는 광고예요.

담배는 몸에 해롭다든지, 물을 아껴 쓰자는 내용 등이 공익 광고예요.

1. 상업 광고와 공익 광고의 차이점을 써 보세요.

----

2. 상업 광고문을 그대로 믿으면 안 되는 까닭은 무엇인가요?

[주제: 정직한 사람이 되자]

----

58 광고문 쓰기 2

광고문은 어떤 형식으로 쓰나요?

1. 표제: 알리고 싶은 것을 한마디로 요약한 거예요.

2. 본문: 표제를 자세하게 설명한 글이에요.

3. 그림이나 사진: 알리고 싶은 것을 잘 이해하도록 도와줘요.

광고문을 쓸 때 주의해야 할 점은 무엇인가요?

1. 알리려는 내용을 정확하게 써요.

2. 광고문을 읽는 사람이 설득되도록 표현해요.

3. 거짓이나 크게 부풀려서 쓰면 안 돼요.

광고문을 읽어 보세요.

[표제] 사랑 넘치는 사랑교회로 오세요.

[본문]

사랑교회에서 예배드리면 기쁨 넘쳐요.

사랑교회에서 사람을 만나면 즐거워요.

사랑교회에서 예수님을 만나세요.

예배 시간: 주일 오후 1시

예배 장소: 2층 교육실

참석 자격: 하나님을 믿는 사람이면 누구나

1. 표제를 정해 보세요.

----

2. 본문을 써 보세요.

----

3. 여러분의 교회를 알리는 광고문을 써 보세요(그림도 그리세요).

59 마음으로 읽기

시는 어떻게 암송하나요?

1. 시를 읽으면서 떠오르는 모습이나 기분을 생각해 보세요.

2. 되풀이되는 표현을 강조해 보세요.

3. 시를 노래하듯이 낭송해 보세요.

4. 시를 외울 때까지 낭송해 보세요.

암송: 시를 외워서 낭송하는 것을 말해요.

낭송: 시의 느낌을 살려 소리 내어 읽는 것을 말해요.

시를 암송하면 어떤 점이 좋은가요?

1. 시를 언제 어디서나 즐길 수 있어요.

2. 시를 쓸 때 기억이 나서 도움이 돼요.

3. 시에 대한 느낌을 다른 사람과 나눌 수 있어요.

이야기를 실감 나게 읽으려면 어떻게 해야 하나요?

1. 등장인물의 마음을 생각해 보세요.

2. 등장인물의 마음에 맞는 표정과 목소리로 읽어 보세요.

3. 이야기 상황에 어울리는 동작을 하면서 읽어 보세요.

이야기를 실감 나게 읽으면 어떤 점이 좋은가요?

1. 이야기를 잘 이해할 수 있어요.

2. 다른 사람에게 이야기를 자세히 전할 수 있어요.

3. 이야기에 대한 느낌을 다른 사람과 나눌 수 있어요.

문들아, 머리 들어라

영광의 왕이 들어가신다

영광의 왕이 누구신가?

강하고 능력 있는 하나님이시다

문들아, 머리 들어라

영광의 왕이 들어가신다

영광의 왕이 누구신가?

전능하신 하나님이 영광의 왕이시다

1. 시를 읽으면서 떠오르는 모습을 적어 보세요.

---

2. 시를 읽으면서 느낌을 적어 보세요.

---

3. 반복되는 표현을 적어 보세요.

---

60 시 쓰기 1

시란 무엇인가요?

자기 생각이나 느낌을 노래 부르듯이 표현한 것을 말해요.

시에 잘 쓰이는 말에는 어떤 것이 있나요?

1. 소리를 흉내 내는 말을 자주 써요.

   소리를 흉내 내는 말에는 '우당탕, 딸랑딸랑, 멍멍' 등이 있어요.

2. 모양을 흉내 내는 말을 자주 써요.

   모양을 흉내 내는 말에는 '흔들흔들, 뒤뚱뒤뚱, 아장아장' 등이 있어요.

3. 표현하려는 사물을 다른 사물에 직접 빗대어 써요.

   직접 빗대어 쓰는 말에는 '같이', '처럼' 등이 있어요.

   예를 들면, '꽃처럼 아름다운 내 얼굴'은 내 얼굴을 꽃에 빗댄 거예요.

시를 읽어 보세요.

[내 동생]

엄마가 흔드는 딸랑딸랑 방울 소리에

내 동생이 아장아장 엄마에게 갑니다.

생긋생긋 웃으며 걷는 모습이

인형처럼 귀엽고 사랑스럽습니다.

1. 소의 모습을 생각하며 시를 지어 보세요.
   (소리와 모양을 흉내 내는 말과 빗대어 쓰는 말을 반드시 넣으세요)

2. 천국의 모습을 생각하며 시를 지어 보세요.
   (소리와 모양을 흉내 내는 말과 빗대어 쓰는 말을 반드시 넣으세요)

시에서 재미있는 부분을 찾아보세요.

1. 시를 읽고 재미있게 표현한 부분을 찾아보세요.

2. 그 부분이 왜 재미있는지 까닭을 말해 보세요.

3. 재미있는 부분을 생각하며 시를 실감 나게 읽어 보세요.

어떻게 해야 재미있는 시를 쓸까요?

1. 사람이 아닌 것을 사람인 것처럼 표현해요.

   ⇒ '춤추는 나비'는 나비를 춤추는 사람처럼 표현했어요.

      '손을 흔드는 깃발'은 깃발을 손을 흔드는 사람처럼 표현했어요.

2. 어떤 대상을 다른 대상에 빗대어 표현해요.

   ⇒ '앵두 같은 내 입술'은 입술을 앵두에 빗대어 표현했어요.

      '딸기코'는 코를 딸기에 빗대어 표현했어요.

3. 모양이나 소리를 흉내 내는 말을 사용하여 표현해요.

   ⇒ '우당탕'이나 '멍멍'은 소리를 흉내 낸 말이에요.

      '깡충깡충'이나 '아장아장'은 모양이나 움직임을 흉내 낸 말이에요.

시를 읽어 보세요.

[방귀]

뱃속에서 부글부글 가스가 차네

가스가 많아져 배가 빵빵해지네

가스를 막으려 안간힘을 쓰네

하지만 기어코 터진 가스

엄청난 폭발 소리에 모두가 놀라네

1. 눈사람을 생각하며 시를 써 보세요.

(사람처럼 표현하고, 모양을 흉내 내는 말을 반드시 넣으세요)

---

2. 시계를 생각하며 시를 써 보세요.

(어떤 대상을 다른 대상에 빗대어 표현하고, 소리를 흉내 내는 말을 반드시 넣으세요)

---

60 시 쓰기 3

시란 무엇인가요?

자기 생각이나 느낌을 노래 부르듯이 표현한 것을 말해요.

시는 어떻게 써야 하나요?

1. 자기 느낌을 살려 생생하게 표현해요.

2. 멋지게 쓰려고 하기보다는 내 마음을 솔직하게 표현해요.

3. 자기가 경험한 것을 자세하게 표현해요.

행과 연이란 무엇인가요?

시는 느낌을 잘 전달하기 위해 행과 연으로 나눠요.

행은 가로 한 줄을 말해요. 비슷한 느낌의 행들이 모여서 연이 돼요.

시를 읽어 보세요.

[1연]

아빠가 생일 선물로 사주신 인형————————————————————1행

난 그 인형을 꼭 안고 잠이 들었어요————————————————2행

[2연]

꿈속에서 인형이 나에게 속삭였어요 ——————————————3행

절대 나를 버리지 말라고 ————————————————————4행

1. 여러분이 가장 아끼는 물건을 시로 표현해 보세요(연을 두 개로 하세요).

2. 꽃을 하나 선택해서 시로 표현해 보세요(연을 세 개로 하세요).

61 원인과 결과

원인이란 무엇인가요?

원인이란 어떤 사물이나 상태를 변화시킨 일이나 사건을 말해요.

내가 밖에서 운동했다고 생각해 보세요. 운동했더니 몸이 피곤한 상태로 바뀌었어요. 나를 피곤한 상태로 만든 것이 무엇일까요?

바로 운동이에요. 운동이 피곤의 원인이에요.

결과란 무엇인가요?

결과는 어떤 원인으로 생긴 것을 말해요.

내가 밖에서 운동했더니 몸이 피곤해졌어요.

그렇다면 운동한 결과는 무엇인가요? 내 몸이 피곤해진 거예요.

'아담과 하와' 이야기를 읽어 보세요.

아담은 하나님이 처음으로 만든 사람이었어요. 하와는 아담의 갈비뼈로 만들었어요. 하나님은 아담과 하와가 에덴동산에 살면서 무엇이든지 먹도록 허락하셨어요. 하지만 동산 중앙에 있는 선악과는 먹지 말라고 하셨어요. 그러나 아담과 하와는 뱀의 꾐에 빠져 선악과를 먹고 말았어요. 결국 하나님은 아담과 하와를 에덴동산에서 쫓아내셨어요.

'노아의 방주' 이야기를 읽어 보세요.

하나님은 인간을 만드시고 인간으로부터 영광을 받으시길 원하셨어요. 하지만 인간은 하나님 대신 다른 우상을 섬기고 몹시 타락한 삶을 살았어요. 그래서 하나님은 노아에게 방주를 만들라고 하셨어요. 노아의 가족만 구원받았고 나머지는 홍수로 죽고 말았어요.

1. 아담과 하와가 에덴동산에서 쫓겨난 원인은 무엇인가요?

2. 아담과 하와는 선악과를 먹은 결과 어떻게 되었나요?

3. 인간이 홍수로 죽게 된 원인은 무엇인가요?

4. 인간이 하나님을 섬기지 않고 타락한 결과는 무엇인가요?

5. 오늘 내 기분이 어떤가요?

6. 그런 기분이 드는 원인은 무엇인가요?

62 주장하는 글쓰기 1

주장하는 글이란 무엇일까요?

어떤 문제에 대하여 자기 생각이나 의견을 내세우는 글이에요.

주장하는 글은 어떻게 써야 하나요?

1. 다른 사람이 내 의견을 잘 받아들이도록 해야 해요.
2. 자신의 주장을 뒷받침해 줄 알맞은 까닭을 적어야 해요.
3. 흥분하지 말고 차분한 마음으로 써야 해요.

원인과 결과란 무엇인가요?

원인이란, 어떤 결과를 생기게 한 것을 말해요.
결과란, 원인으로 생기게 된 것을 말해요.

주장하는 글을 읽어 보세요.

예배 시간에 떠드는 아이들 때문에 예배에 집중할 수 없다. 예배 시간에 떠든다는 것은 하나님께 진심으로 예배를 드릴 마음이 없다는 것이다.

예배 시간에 아이들이 떠들지 못하도록 하려면 아이들에게 예배가 끝난 후에 달란트를 줘야 한다. 그리고 나중에 달란트를 많이 모은 아이들에게 상을 주어야 한다. 왜냐하면 아이들은 상 받는 걸 좋아하기 때문이다. 이런 방법을 쓰면 예배 시간에 떠드는 행동이 줄어들면서 예배에 집중하게 될 것이다.

1. 내가 예배에 집중하지 못한 원인은 무엇인가요?

2. 아이들이 예배 시간에 떠들어서 나에게 어떤 문제가 발생했나요?

1. 화가 난 경험이 있으면 적어 보세요.

2. 화가 난 원인은 무엇인가요?

3. 친구와 다툰 경험이 있으면 적어 보세요.

4. 친구와 다툰 결과 어떤 변화가 생겼나요?

5. 아이들이 예배 시간에 떠들지 않게 하려면 어떻게 해야 할까요?

62 주장하는 글쓰기 2

주장하는 글이란 무엇일까요?

어떤 문제에 관해 자기 생각이나 의견을 내세우는 글이에요.

주장하는 글은 어떻게 써야 하나요?

1. 자기 의견을 자신 있게 표현해야 해요.
2. 자기 의견을 분명하게 내세워야 해요.
3. 자기가 내세운 의견에 알맞은 까닭을 써야 해요.

의견과 이유란 무엇인가요?

의견이란, 어떤 문제에 관해 자기 생각을 말해요.

이유란, 그런 의견을 내세우게 된 까닭을 말해요.

아래 의견과 이유를 읽어 보세요.

1. 의견: 아침 등교 시간을 늦춰야 해요.

   이유: 아침에 충분히 잠을 잘 수 있어요. 아침을 먹고 학교에 갈 수 있어요.
2. 의견: 예배 시간을 오후 2시에서 오후 1시로 바꿔야 해요.

   이유: 아이들이 점심을 먹은 뒤 다른 곳으로 가지 않고 바로 예배에 참석할 수 있어요.

   예배가 끝난 뒤 가족과 많은 시간을 보낼 수 있어요.

1. 주장하는 글은 어떤 글인가요?

2. 주장하는 글은 무엇을 자신 있고 분명하게 표현해야 하나요?

3. 학교생활에서 불편한 점에 관해 의견과 이유를 써 보세요.

의견:

이유:

4. 교회 생활에서 불편한 점에 관해 의견과 이유를 써 보세요.

의견:

이유:

62 주장하는 글쓰기 3

주장하는 글이란 무엇일까요?

어떤 문제에 관해 자기 생각이나 의견을 내세우는 글이에요.

주장하는 글은 어떻게 써야 하나요?

1. 다른 사람이 내 의견을 잘 받아들이도록 해야 해요.

2. 그러기 위해서는 자신의 주장을 뒷받침해 줄 알맞은 이유를 적어야 해요.

3. 너무 감정에 치우쳐서 쓰면 안 돼요.

아래 주장과 이유를 읽어 보세요.

주장: 체육 시간을 늘려 주세요.

이유: 왜냐하면 지금 우리는 한창 성장해야 할 나이예요. 그런데 체육 시간은 일주일에 한 번밖에 없어요. 체육 시간을 일주일에 세 번으로 늘려 주세요. 텔레비전에서도 봤는데 일주일에 3번, 30분 이상 운동해야 효과가 있대요.

1. 주장하는 글이란 무엇인가요?

2. 다른 사람이 내 주장을 받아들이도록 하려면 어떻게 써야 할까요?

3. 여러분이 교회에서 주장하고 싶은 것이 있다면 적어 보세요.

주장:

이유:

주장하는 글쓰기 4

주장하는 글은 어떤 형식으로 쓰나요?

1. 서론: 글의 첫머리예요. 글을 쓰게 된 동기나 목적을 써요.

2. 본론: 글의 중심 부분이에요. 글 쓰는 사람의 주장과 까닭을 써요.

3. 결론: 글의 마무리 부분이에요. 주장한 내용을 요약하고 강조해요.

주장하는 글을 쓸 때 주의할 점은 무엇인가요?

1. 자신감 있게 써요: '~라고 생각한다'가 아니라 '~이다'라고 표현해요.

2. 존댓말을 쓰지 않아요: '해야 합니다'가 아니라 '해야 한다'라고 써요.

3. 감정적으로 쓰지 마세요: 다른 사람을 논리적으로 설득해야 해요.

아래 주장하는 글을 읽어 보세요.

[제목] 예배를 장난으로 드리면 안 된다.

[서론] 주일학교 학생 중에 예배 시간에 장난치는 아이들이 많다고 한다.

[본론] 예배는 경건한 마음과 단정한 자세로 드려야 한다. 왜냐하면 예배는 하나님께 드리는 것이다. 우리가 대통령 앞에 있다면 절대 떠들지 않을 것이다. 그런데 대통령보다 훨씬 높은 하나님께 바르지 못한 자세로 예배를 드리면 안 된다.

[결론] 예배를 절대 장난으로 드려선 안 된다. 하나님께 진심으로 드려야 한다.

1. 주장하는 글의 서론, 본론, 결론을 각각 어떻게 써야 하나요?

----

2. 주장하는 글을 쓸 때 어떤 점을 주의해야 하나요?

----

3. 여러분이 주장하고 싶은 것 중 한 가지를 정하고 주장하는 글을 써 보세요.

[제목] --

[서론] --

[본론] --

[결론] --

성경 논술 초급편

초판 1쇄 발행 2022년 3월 18일

지은이   영성교육
펴낸이   이기봉
편집   좋은땅 편집팀
펴낸곳   도서출판 좋은땅
주소   서울특별시 마포구 양화로12길 26 지월드빌딩 (서교동 395-7)
전화   02)374-8616~7
팩스   02)374-8614
이메일   gworldbook@naver.com
홈페이지   www.g-world.co.kr

ISBN   979-11-388-0759-3 (03230)